Christian August Clodius

Odeum

Christian August Clodius

Odeum

ISBN/EAN: 9783744641982

Hergestellt in Europa, USA, Kanada, Australien, Japan

Cover: Foto ©ninafisch / pixelio.de

Weitere Bücher finden Sie auf **www.hansebooks.com**

Odeum.

von
Christian August Clodius.

Erstes Stück, des ersten Theils.

Mit Churfürstl. Sächsischer Freyheit.

Leipzig, im Monat May 1784,
bepm Verfasser, und in Kommißion, in der Chur-
fürstlichen Zeitungs Expedition.

Dem

Allerdurchlauchtigsten

Großmächtigsten

König

der Preußen.

Allerdurchlauchtigster
Großmächtigster
König.

Der König, Feldherr, Weltweise, und Dichter; der Wissenschaft, und Kunst, als Kenner beurtheilt, würdigte mich seines Beyfalls und seiner

Nach=

Nachsicht. Ich bin nicht
Horaz, aber was Horaz
empfand, da August seine
Schriften in dem Bücher=
saal des Apoll aufstellen ließ,
und ihn zu neuen Unterneh=
mungen bestimmte, mußte
ich, in dem, in meinem
Leben ausgezeichneten Au=
genblicke empfinden, da
Ew. Königliche Majestät
mei=

meine vermischten Schriften Ihrer hohen Aufmerksamkeit würdigten. Ein Werk, das Friederich der Große prüft und billigt, hat Anspruch auf Dauer und Leben. Mit dem Vertrauen, das dieser Gedanke erweckt, lege ich zu den Füßen des Throns Ew. Majestät die Fortsetzung des-

desselben. Gott erhalte den König der Preußen, den Thronfolger des Königs, und den ganzen glorreichen Stamm des Monarchen, für Europa und die Welt. —— Ich bin mit der tiefsten Ehrfurcht

Ew. Königlichen
Majestät

unterthänigster Knecht
Christian August Clodius.

An
den König.

den zwölften Julius 1783.

Des ersten Theils. Erstes Stück.

Hae tibi erant artes, pacisque imponere
moram,
Parcere fubiectis, et debellare fuper-
bos.

Monarch, die halbe Welt ward wider
Dich empört;
Von Dir gewarnt, geftraft, durch deinen
Blitz zerftört;
Dein Donner fchlug die unverföhnten
Brüder,
Sie waren Menfchen, — fiegreich nie-
der;

A 2   Der

Der Tod fühlt keine Macht, seit dem
  mit edler Hand
Schwerin und Winterfeld durch Ketten
  ihn umwand,
Und Kleist, in offner Schlacht, den
  Weg zum Himmel fand,
Von dem Du König stammst — Du
  bist mit ihm verwand.

Dein Adler flog hinauf, hoch unter
  deinen Blicken
Hinauf zum blauen Rücken,
Der neuen Alpe, bey Collin —
Der edlen Preußen Augen glühn;
Der Rheinfall beugt demüthig seine
  Fluthen,
Und seine sanftern Wellen bluten.

Der Kaiser, Laudon, Du, versammlet
  sich ins Feld;
War dies kein Schauspiel für die Welt?
    War

War nicht das fröliche Gewimmel

Der Donau und der Spree ein Schau-

spiel für den Himmel?

Wirkt Gott durch Friedrich nicht vom

Auf= zum Niedergang?

Das fühlt Voltaire nicht, in Ferney, der

Dich sang;

Das Meer der beyden Dardanellen

Kanns wider Joseph glühn, und wider

Friedrich schwellen?

Und ist der Türk ein Mann,

Der Rußland und dem König trotzen

kann?

Monarch, hier an der Spitze deiner

Helden —

Ein jeder Preuß ist Held, wenn ihn sein

König führt,

Und sein gesalbter Sohn,

Beherrschest Du, von deinem Thron

Nicht Völker, Du beherrschest Welten.

Amerika, das einst mit kühner Hand

Ein Spanier in goldne Fesseln band,

Wirft von dem Hals das Joch der
königlichen Britten;

Verbessert die Natur, und mildert seine
Sitten,

Und hat — Europa sagts, ein eigen
Vaterland.

Wer war der Mann und Held, der still,
mit weiser Hand,

Durch Geist, der ihn erfüllt, sechs
Könige verband?

Lykurg und Solon gab der Griechen-
welt Gesetze,

Die Weisheit war ihr Theil, doch hatten
sie die Macht?

Erobern sie, so wie Philipp, die
Plätze,

Den

Den Degen in der Hand, nach der ge-
 wonnnen Schlacht?

Die Schlangen jedes Staats, die Wucherer, verscheuchet

Ein Geist, wie Deiner, den nie von
 der Wahrheit weichet.

Wenn Gottes Flammen glühn, und von
 dem Thron Du schaust,

Nimmst Du die Million, die Gott Dir
 gab — und baust;

Und trät ein Heuchler auf die Bühne;
Nähm von Religion und vom Gesetz die
 Miene:

Du, König, ziehst die Larve vom Gesicht,

Denn Heuchler liebt der große Friedrich
 — nicht.

Der Landmann freut sich seiner sichern
 Saaten,

    Singt

Singt seinen König laut; lobt ihn, und
seine Staaten. --

Ehrt eine Königin, die mit bescheidner
Hand,

Monarch, um Deinen Helm, die sanfte
Myrthe wand:

Um einen Helm, den dreyßig Schlachten

Zu der Unsterblichkeit, die er verdiente,
brachten.

Monarch, ich schweig; denn eine Nation,

Die Du regierst, wirft sich zu Deinem
Thron,

Und spricht mit Dir, und Deinem großen
Sohn. --

Chor

Chor der Greise und Männer.

Monarch, Dich rüstet Gott, die
Völker zu beglücken,

Die er Dir anvertraut; laß uns auf
unsern Knien

Für Dich, fürs Vaterland, für unsern
Kaiser glühn.

Wir sterben gern für Dich, denn Gott
rief Dich zum Thron,

Und gab Dir einen Helden, einen
Sohn.

Verdient Er nicht, wie Du, Du hasts
gesagt, den Thron?

――――――――

Chor der Jünglinge und Söhne der Nation.

Monarch, Dich rüstet Gott, die Völker zu beglücken,

A 5   Die

Die er Dir anvertraut; laß uns auf
unsern Knien

Für Dich, fürs Vaterland, für unsern
Kaiser glühn.

Wir sterben gern für Dich, denn Gott
rief Dich zum Thron,

Und gab Dir einen Helden, einen
Sohn;

Verdient Er nicht wie Du, Du hasts
gesagt, den Thron?

Den treff der Tod, der Dich und Dei=
nen Erben

Nicht liebt. Geh spät zurück, woher Du
kamst, zu Gott.

Und können wir für Dich, Monarch,
nicht selber sterben;

So sterben wir für Deinen Sohn den
Tod.

———————

Man

Man nehme den Grundsatz des Vor-
herseyns der Seele, der Wiedererinne-
rung; das System des Pythagoras, oder
Plato (¹) an, innres Gefühl und Erfahrung lehrt uns, daß niemand ohne
Talente geboren wird; Marchetti hat
Recht nach Lucrez zu sagen:

   Natura in oltre, somministra
     all Uomo

Ciocchè gli è d'uopo.

Jeder Geist ist elastisch; hat die Kraft
sich zu verbreiten; die Kraft, sich ent-
fernte

(1) Cicero Tuscul. Qu. L. I. Plato nann-
   te das Gedächtniß recordationem
   vitae superioris.

fernte Gegenstände, nach der Verknü-
pfung der Ideen, und den Gesetzen der
Einbildung anschauend und lebhaft darzustellen. Ackenside war Dichter, aber
er sprach als Kenner des Menschen und
Philosoph wie Locke, da er dies beob-
achtete.

Niemand ist von der Natur so enterbt,
daß er nicht auffallende, oder feinere
Aehnlichkeiten sittlicher, natürlicher Gegenstände bemerken, und Größen und
Verhältnisse zusammen stellen könnte.

Haben nicht alle den Witz des Coper-
nicus und Newton Weltsysteme zu über-
schaun oder sie mit (¹) Büffon zu träumen,

(1) Büffon schafft die Planeten durch ei-
uen gewaltsamen Schwung eines Co-
meten, der an die Sonne stößt, sieben
Welt-

men, so hat die einfältige Natur auch ihren stillen, bescheidenen Witz. Oft lauscht sie wie das schalkhafte Mädchen des Maro hinter dem Baume, will aber gesehn und erhascht seyn.

se cupit ante videri.

Eben so in Rücksicht auf Scharfsinn und Beurtheilung. Nach genauer Aufmerksamkeit, sagt Pope, finden wir den ersten Saamen der Urtheilskraft bey den meisten. Die Natur gewährt jedem wenigstens ein glimmendes Licht. Die ersten Züge der Fähigkeit sind schwach, aber richtig.

Yet

Weltkörper heraus hebt, die sich nach den Gesetzen der Schwere um die Sonne bewegen. Er berechnet sogar diese seltsame Schöpfung arithmetisch.

Yet if we look more clofely we fhall
find
Moft have the feeds of judgment in
their mind:
Nature affords at leaft a glimm' ring
light;
The lines, tho' touch'd but faintly,
are drawn right.

Wir unterſcheiden uns alſo blos nach
Stufen der angeborenen Fähigkeit, der
Wißbegierde, des Fleißes, der Uebung
und edler Wetteiferung.

Man rechne der Natur die Verthei-
lung der angeborenen Kraft, nicht als
Kälte oder Härte an; ſie verräth viel-
mehr weiſe Sparſamkeit, die ſelbſt der
neue Pyrrho Helvetius nicht läugnete. Sie
behauptet in allen ihren Reichen ihr ewig
Geſetz

Gesetz mit ähnlicher Weisheit und Genauigkeit.

Nicht jede Pflanze aus dem Geschlechte
des Juniperus wächst mit der Stärke
und Kraft der Ceder am Libanon empor,
und nicht unter jedem Ahornbaum denkt
ein Socrates nach, ob die Raupe, die
auf dem Blatte kriecht, so unsterblich
sey als er. Der Fels thürmt sich höher
als ein friedliches Thal; Gold ist schwerer und glänzender als Silber; beyde
Metalle behalten ihren Werth.

So im moralischen Reiche und in dem
Reiche der Weisheit, Erfindungskraft,
und Kunst.

Der Schöpfer der Iliade wird ein
Weltmeer, aus dem alle Ströme des
Geistes stürzen, und in den sie zurück-
fließ-

fließen (')! Pindar eine austretende
Fluth, die mit Gewalt von Felſen
ſchäumt (²). Anacreon ein ſanfter ſil-
berner Quell, wie der Quell im Thal
Vaucluſe, in dem Petrach ſeine Laura be-
weinte. Moriz ein Held, und Colbert
ein Staatsmann.

Daß

(1) Quintilian ſagt im 10. Buche. Wie
Aratus vom Jupiter anfängt, ſo fang
ich vom Homer an — Hic enim
(quem ad modum ex oceano dicit ipſe
amnium vim, fontiumque curſus ini-
tium capere) omnibus eloquentiae
partibus exemplum et ortum dedit.

(2) Siehe die vortreffliche Ode des Horaz, die den ganzen Charakter erſchöpft.
Und von beyden die Verſuche der Litteratur und Moral. 1 Stück.

Daß Charakter, Willkühr, Eigen-
sinn, und Laune, Einfluß auf die Denkkraft haben, kann kein Psycholog läug-
nen. Warum weint Roußeau, mit He-
raklit, über den Verfall und die Ent-
kräftung der Menschheit? Warum
lacht Demokrit und Voltaire über eben
diesen Gegenstand mit Scharfsinn und
komischer Laune? Charakter, Sitte, Lage, Studium haben sie verschieden gebildet. Beyde waren, und bleiben Originale.

Diese ausgezeichnete Mannichfaltigkeit der Talente, der Sitten, der Gesinnungen, die der Schriftsteller, Leser,
und Kunstrichter gemein hat, macht es
dem Autor schwer, allgemein zu nützen,
und zu gefallen.

B   Wel-

Welche Pflicht legt er sich auf, besonders wann er zugleich Kunstrichter seyn
will? Er soll aus den Werken des Genies, gleich der attischen Biene, Honig
saugen, und kein Gift hinein tragen.

Geist, Kraft, Wahrheit, soll er vermählen, tadeln ohne zu beleidigen, loben ohne knechtisch zu schmäucheln; die
Atonie und Nervenschwäche des kältern
Lesers anstrengen, daß er nicht gähnt.

Ne longas trahat oscitationes —
Er soll durch neidlose Wetteiferung die
Flügel des Geistes spannen; denn ohne
Wetteiferung hätte sich kein Haller und
Linnee gebildet.

Vellejus (¹) warf einen scharfen
Blick auf die Geschichte der Menschheit,
inbem

(1) Aemulatio alit ingenia.

indem er den Grund der zusammenge-
drängten Genies; in das Zeitalter des Augusts, aus der Nacheiferung herleitete.

Der gemeinnützige Schriftsteller soll
Bruchstücke zum sinkenden Tempel
des Geschmacks tragen; die flattern-
den Ideen der Mode, und des ver-
zärtelten Witzes, die leicht, wie die ab-
strömenden Bilder der Lucrezianischen
Körper (exuviae) herumschweben, zurückhalten; der Reizbarkeit des Weichsinns nicht
durch üppige Schilderungen schmäucheln.

Falsche Empfindsamkeit entkräftet den
Geist des Volks und des Staats; und
welcher edeldenkende Mann, würde Ruhm
auf Kosten des Vaterlands erwerben?

Diesen Ausschweifungen soll er wider-
stehn, so viel er Muth und Kraft hat;
dem Genius des Zeitalters, den Ernst

der

der Weltweisheit und höhern Litteratur
entgegen stellen, und nie den entscheiden:
den Ausspruch eines der scharffinnigsten
Weltweisen der Deskartischen Schule
Malebranche vergessen.

Alles was den Sinnen schmäuchelt, sagt
dieser Philosoph (¹), rührt uns unendlich,
und alles was uns rührt, strengt unsre
Aufmerksamkeit nach dem Verhältnisse
der Empfindung an.

Die

(1) Tout ce qui flatte les sens nous touche extrêmement, et tout ce qui nous
touche nous applique à proportion,
qu'il nous touche. Ceux qui s'aban-
donnent à toutes sortes des divertisse-
mens très senfibles, et très agreables,
ne font pas capables de penetrér des
veritez qui renferment quelque diffi-
culté confiderable.

Diejenigen Seelen also, die sich aller
Art von anziehendem Reiz der Vergnügun-
gen, und der Sinnen überlassen, sind nicht
dauerhaft und stark genug. Wahrheiten
zu durchdringen, die eine beträchtliche
Schwere haben. Die Fähigkeit ihres
Geistes erstreckt sich nicht so weit —
denn sie ist nicht unendlich, und hat nicht
Stärke genug ernsthafte Ideen zu fassen
und zu verbinden, weil die Einbildungskraft
oft mit spielenden Vergnügen erfüllt ist.
Hier kommt er ganz mit Popen überein (1)

Where beams of warm imagination
play,

B 3   The

(1) Pope Criticism. v. 55.

Wo die Stralen der warmen Einbildungskraft spielen, schmelzen die zärteren Bilder des Gedächtnisses hinweg.

The memory's soft figures melt
away.

Mit Fleiß soll er die edlen Geister des Alterthums prüfen und kennen, in wilde Stämme eine edlere Pflanze einimpfen, die, wenn sie heran wächst, über ihre eignen Früchte staunt.

miratur non sua poma.

Wie viel muß er lesen, empfinden, vergleichen! — Abstraktion ist die Mutter der einzelnen mühsam gesammelten Begriffe, und diese macht den Philosophen und Litterator. Scherz mit Urbänität darf ihm nicht fehlen; denn wenn der Scherz edel und rein ist, wird er Salz der geistreichen Unterhaltung.

Aber über die Gränzen der Religion und Sitten schwingt sich kein Mann von

Pflicht

Pflicht. Cato selbst erlaubt es indeß; denn die Weisen sind bey allem Ernst billig, mit Sokratischer Laune zu lehren.

Man lockt und ermuntert die schlafende Einbildung, und giebt ihr durch unschuldigen Scherz und feinen Wiz (¹) eine Reizbarkeit zu ernsthafter Betrachtung.

Es ist also dem Autor erlaubt unter der Reihe ernsthafter und edler Empfindungen, gefühlvolle Seelen zu unschuldigen Freuden, die die Natur und Kunst darbeut, zu erwecken; mit Regnier, Rabelais, und Boileau die Runzeln eines ernsthaften Kopfs aufzuheitern.

Man liest nicht immer die Florentinischen Pandekten, den Cujaz, und Calixtus.

B 4

(a) Epist. Cic. ad Volumnium VI. 22.

tus. Ein thätiger Geist findet Nahrung in Mannichfaltigkeit, und in dem mit Geschmack und Weisheit gewählten Kontrast der Ideen.

Ich fand den Philosophen und unsterblichen Litterator Reimarus bey Lessings Minna von Barnhelm, und seine Stirne heiterte sich unter der Vorlesung einer Scene auf, die nur der Verfaßer der Dramaturgie schreiben konnte. Das furchtbare Lachen des Majors erweckte ihm den Schauder, den ein Philosoph empfinden mußte; aber er vergaß auch nicht über Paul Werner non alienis malis zu lachen. Eins noch mit Vertraun und Offenherzigkeit ist zu erklären.

Man warf es dem Montaigne vor, daß er immer in Rücksicht auf Lei-

den=

benschaft, Denkkraft, und sittliche Handlung, von sich sprach; durch unmerkbare
Uebergänge in der Betrachtung der Wahrheit auf sich zurück kam. — Aber ist er
darum weniger Philosoph? Entfaltet er
nicht oft die Geheimnisse des Herzens indeß er, wie Lucil, seine innern Empfindungen darstellt.

Ist Malebranche mehr Genie, als er,
den Malebranche von Seiten der Theorie
oft mit Recht tadelt?

Man bemerkt ferner an Montaigne
den Geist, die körnigten Stellen der Alten, mit geflügelter Vergleichungskraft
anzuwenden. Aber hat diese Fertigkeit,
Idee an Idee zu ketten, ohne Zwang
augenblicklich zusammen zu stellen, nicht
etwas Ausgezeichnetes?

B 5

Der Dollmetscher der wahren Empfindungen der Menschheit, ist der auf die
Natur, und sich aufmerksame Mensch.
Man lasse ihn von sich sprechen, er thut
nichts als was der Künstler thut — Er
stellt sein Werk aus: ahmt er nach, so
bildet er wie Mathielli die Vestalinnen;
bildet er Familiengemählde, so thut er,
was Rubens that, und Lucas Cranach.
Beyde fürchteten bescheiden das Urtheil der Kenner, bildeten sich dar-
nach wann es Gewicht hatte, waren
nie bey einem Tadel gleichgültig, fürchteten aber keinen falschen. Diesen Männern geht ein Schriftsteller
nach. Soll er aus Briefen und
Urtheilen, das was Kritik gegen ihn ist,
wegnehmen? Soll er das Lob eines recht-

schaf-

schaffenen Kenners verschweigen? —
Nein! und dies ist der Fall, in dem ich mich
befinde. — Könnte ich Hageborns Briefe
darum unterdrücken, weil er mich durch
seine Aufmerksamkeit zu neuen Entwür-
fen ermunterte? Der Geist des sechszehn-
ten Jahrhunderts ist mir immer vor Augen, und da sagte jeder italienische und
deutsche Mann, was ihm gefiel und miß-
fiel; und dadurch bildeten sich beyde.

Die Lebhaftigkeit, Schwärmerey und
Wißsucht der leichten Köpfe durch männlichen Muth und Ernst edler Eindrücke zu
fesseln dieß ist das Werk eines Mannes,
den Gott — ohne Gott lebt und wirkt
kein Mann — auszeichnet — dem er
ein Herz gegen die Menschen giebt, und
Scharfsinn die höhern Ideen seiner Vorsehung

sehung zu entfalten, und Kraft sie an=
schauend darzustellen.

Dieß war der Fall von Haller und
Gellert. „Sagen Sie mir, schrieb ein
deutscher Gelehrter, aus Norden an Gel=
lert, wie Sie es machen? Mein König
liest Sie, der Minister, der Feldherr,
der Soldat, die Töchter ihrer und mei=
ner Nation, mit Gefühl. Mein Sohn,
von sechs Jahren, wiederhohlt Ihre Lie=
der in den Armen eines Greises von sieben=
zig. Das Kind weint am Busen des
Alten; der Alte legt die Hand auf die
Stirne des Kindes und beyde danken
Gott für die Stelle:

Nur Gott ist Herr von meiner
Seele,
Und tausend Fürsten sind es nicht.

Dieß

Dieß ist eine rühmliche Lockung zum Nichteifer und zum wahren Ruhm — Aber auch Warnung für einen Schriftsteller, den das Volk duldet, schäzt, und erweckt.

———————

An Fräulein Minna.

Sie sind so schön, so liebenswürdig, daß man Sie nicht sehen kann, ohne dieß zu empfinden. Ich habe aus dem Felde der Kriegskunst kein reizender und sanfteres Bild zurück gebracht, als das ihrige, und ich bin fest überzeugt, daß Ew. Gnaden einen Türenne und Plato entwafnen könnten —

Aber

„Aber wenn Sie das sind, warum
kommen Sie nicht nach Q.“ Eben
darum, vortrefliches Fräulein, weil ich
nicht Held und Philosoph genug bin,
mich der Gefahr auszusetzen. Und im
Grunde, Fräulein Minna, war ich bey
Ihnen, den eilften August, wo die mildeste
Sonne über Sie aufging, denn es war der
Tag Ihrer Geburt. Sie wissen es doch,
Fräulein, daß es dem Mercur und Apol-
lo nicht auf eine Wolke ankommt, wenn
die Rede von den Poeten ist. Um Sie
ganz zu überzeugen; standen Sie nicht,
Fräulein? an dem heitersten Morgen
Ihres Lebens, so schön, so fromm, so
dankbar gegen Gott, so warm für Unschuld und Religion auf, als Geßners
Daphne? Stürzten Sie sich nicht mit
einer sanften Begeisterung in den Arm

Ih-

Ihres Vaters, der Mann blieb, und ganz Vater war?

Wanden Sie sich nicht um Ihre Mutter mit dem reinsten Kuß der Liebe, wie der geschmeidige Epheu um die Rebe? Noch eins, Fräulein Minna — eigentlich sollte ich das nicht so gerade heraus sagen, aber es ist zu schön für die Hofnung eines künftigen würdigen Gemahls. Gestehen Sie es nur aufrichtig; Sie dachten sich mitten unter den wärmsten Empfindungen der kindlichen Liebe, das Ideal eines Grandison für seine Henriette.

Nur noch eine Warnung, Fräulein! Wenn eine der Grazien verloren gehen sollte, so nehmen Sie sich in acht, Schenau oder Wille wird Sie aufsuchen. Im reizenden Schleyer der Vestalin werden

werden Sie wohl nicht lange glänzen.
Es wird Sie bald ein wackerer Soldat,
dem der wahre Adel auf die Stirne ge=
zeichnet ist, und im Herzen schlägt, oder
ein Mann vom Gefühl für den Staat
dem einsamen Feuer der Vesta entfüh=
ren. Entsetzen Sie sich nicht über die
furchtbare Nacht des Ritter Stay, den
Shakespear und Strange der Nachwelt
aufzeichneten.

Die Scene, Cleon und Heinrich ist,
irr ich nicht, sanfter, und ein Familien
Bild. Sie, Fräulein Minna, kennen
Cleon und Heinrich — beyde fühlen den
Stolz Sie zu verehren.

Ritter Stay und Theodor.

In einer graufen wilden Mitternacht,
Die König Lear nicht furchtbarer durch-
wacht;
Und Strange, nach Shakespears Traum
nicht schrecklicher gedacht. (¹)
Von Felsen überwölbt, die sich zu Alpen
thürmten,
Umrauscht vom wilden Strom, vom star-
ren Fichtenwald,
Wo siebenmahl der Donner wiederhallt,
Und den des Nordwinds Flügel laut
bestürmten;

(1) S. die Stelle aus Shakespear, verglichen mit Strange vortreflichen Kupfer-
stiche, der das Gefühl aller Schrecken
vereint, und uns in das Ideal der Zau-
berwelt zurücksetzt.

C   Saß

Saß einsam, doch. als Mann, Schreck
und Gefahr gewohnt,

Der Ritter Stay, umglänzt vom pur-
purrothen Mond.

Ein Räuber, durch den Blitz getrennt
von seiner Rotte,

In kühner Hand den Dolch, stürzt in
des Ritters Grotte.

„Wer bist du ?“ ich ? der Britte
Theodor.

„Durch des Verläumdung ich, Rang,
Ehr, und Macht verlor?“

Mein Stay, das war mein Neffe
Theodor —

„Hier ist mein Gold, entflieh den Ketten;

„Geh nach Amerika, und eile dich zu
retten.“

„Noch eins: umarme mich, und sey
von mir geküßt,

Daß

„Daß du nicht Theodor der Ehren-
räuber bist."

────────

Cleon und Heinrich am Grabe Gellerts, eine Idylle.

Da schläft er, der Lehrer und Vater
der Deutschen, und deutscher Kinder.
Komm mein Sohn, schaudre nicht —
Es sind Gräber, und die drinnen ruhn
sind so friedlich, als die Könige in West-
minster und Rothschild.

Dieser Stein, den mit ihren Fittigen
die Mitternacht umrauscht, und auf den
das gebrochene Licht der alles erwärmen-
den Sonne, mit milderen Ausfluße, vom
Monde herabströmt — dieser Stein
Heinrich, deckt deinen Gellert.

Todte

Todte wandeln nicht nach der Sage
der Einfalt: sie schlummern dem großen
Morgen entgegen, wo eine neue Erde,
und eine neue Sonne glänzen wird. Knice
nieder an diesen kalten Marmor, und
bethe mit Lippen, die noch kein unreiner
Kuß der Wollust, oder der Undankbarkeit
entheiligte, an dieser Stelle zu Gott, um
Erleuchtung, um Sanftmuth, um Fleiß,
um Gehorsam, und allgemeine Menschenliebe. Da mich Gellert segnete, segnete
er auch dich, und deine Mutter. —

Du weinst edler Junge; das ist eine
herrliche Thräne, eine Dollmetscherin deines guten kindlichen Herzens. Steh
auf, und folge mir weiter. —

Dort hinter dem Tempel, in der äusser-
sten Halle dieses traurigen und warnen-

den

den Bezirks, wo ich und du einst ruhen
werden, ist eine kleine veraltete Gruft,
ohne Marmor, Carnätyden (¹) dorischer
Kunst. — Moos schleicht sich friedlich
ums Dach, und geselliger Epheu ver=
mählte sich freywillig mit dieser alten
Mauer, seit dem Tage, da der Staub
deiner Schwester hinabgesenkt wurde.
Siehst du da beym Schein der Lampe
die neuen Steine, die dieses Viereck
bedecken? Es ist ihr Monument:
Ich will die Unschuld dieses reinen En=
gels nicht durch ausländschen Marmor
entheiligen.

Wir sind allein, Heinrich, doch nicht
allein: denn Gott, mein Sohn, ist gegen=
wärtig, und einer seiner Engel hält dich
bey deiner kleinen Hand.

(1) Siehe Caylus.

C 3   Höre

Höre was ich ihm vortrage; dieser
Monarch hört alle Welt, und wird auch
dich hören. —

Allmächtiger! Du hast die Wagschal
des Todes und Lebens in deiner Hand;
Du wogst die Tage meines Sohns.
Eine furchtbare Krankheit dräute ihm
den Tod, aber die Schale sank — und
er lebte. Nimm meinen warmen Dank
für sein Leben.

Aber Vater der Welt, hast Du noch
einen Seegen, so zähle diese Thränen für
die Mutter dieses Kindes. Und ihr
Engel Gottes, die ihr Religion, Un=
schuld, Treue und Tugend liebet, höret
mich und leitet, auf dem gefährlichsten
Pfade der menschenfeindlichen Krankheit,
ihre wankenden Schritte. Laßt sie nicht
das Opfer ihrer mütterlichen Zärtlichkeit
wer=

werden; denn zwölf Nächte, die für mich
furchtbar, und für sie erschöpfend waren,
wachte sie mit Verachtung der Gefahr
des Todes, für ihren Sohn; ward krank,
wie er. — Erhalte sie um des Ver-
trauens willen, mit welchem sie Dich an-
ruft, und zur Ausbildung der jungen
Pflanze, die ihrer Wartung bedarf.

Fertur per auras veterem amicam
negligit
Et hujus leu-arum que omnium imme-
mor.
De Gente ſe iſta unquam fuiſſe per
negat. (I)

Der ſtolze Schmetterling.

Zwo junge Räupgen nährten ſich
Von einem Kohl, und lebten beyde
Entfernt von Stolz, und Eiferſucht
und Neide,
In wahrer Unſchuld, ſchweſterlich.
Kaum ſank, auf die von Wein be-
pflanzten Hügel,

Der

Der Sonne reifter Strahl herab;

Als die Natur der einen Raupe Flü=
gel

Aus mütterlichem Milde gab. —

Entzückt vom Schmuck der purpurfarb=
nen Schwingen,

Umflattert, und geküßt von tausend
Schmetterlingen,

Die Reaumur und Karl von Geer (¹)

Nie schöner sahn, flog er umher. —

„Seit wenn, rief eine von dem Hau=
fen:

Bist denn du kleines, liebes, buntes
Ding

Der Republik der Raupen schlau ent=
laufen? —"

Der Raupen, sprach mit Stolz der
neue Schmetterling:

E 5

Der

(1) Abhandlung der Geschichte der Insekten.

Der Raupen? nein, so tief sank mein
      Geschlecht nicht nieder;
Was ihr für Märchen euch ersinnt,
Ich weiß, das schwör ich euch, ihr
      Brüder,
Nicht einmal recht, was Raupen sind.

———————

Daß dich das Glück von Bürger-
      stand erhoben,
Marull, ist schön, doch daß du stolz
      auf Zufall bist,
Der bey Verdiensten Vorzug ist;
Dich deines Vaters schämst, und
      dein Geschlecht vergißt;
Marull! die Thorheit wird der
      Schmeichler selbst nicht loben.

Ueber

Ueber den edlen Stolz.

Der Mensch muß ein Ideal sittlicher
Güte haben, wornach er sich bildet; eine
Originalidee der Vollkommenheit, wie sie
die größten Geister des Alterthums, und
der neuern Zeiten empfanden.

Dieß Ideal sezt er durch die Einbildungskraft, aus einzeln moralischen Zügen
zusammen, wie der Künstler aus einzeln
schönen Theilen eine reizende Gestalt-
schaft, die nur in seiner Idee ihre Möglichkeit hat, und selten in ein moralisches
Wesen zusammenströmt.

Nie hat ein Jupiter durch die Bewegung seiner Augenbraunen, und seines
lockigten Hauptes die Welt erschüttert.
Indeß bildete sich Phidias diesen Zug
der Majestät als möglich ein; und da-

durch

durch schuf er den Elischen Jupiter, nach der großen Idee des Homers. (¹)

So wie es dem Artisten erlaubt ist, ein unschuldiges Vergnügen zu empfinden, wenn er fühlt, daß er seinem Ideal näher tritt; so ist dem moralischen Menschen das Bewußtseyn erlaubt, sich dem großen Original der sittlichen Vollkommenheit genähert zu haben, das der Gegenstand seiner Wetteiferung war.

Ich seegle auf dem unruhigen Meere der Leidenschaften, nach einem Ufer; vermeide die Klippen; bin nah an dem Hafen, mein Schiff liegt vor Anker; ich entfliehe allen Gefahren, und die Einwohner des glücklichen Eilandes der Tugend grüßen mich, und freuen sich,

mich

1) S. Phidias in den vermischten Schriften.

mich aus dem Sturm gerettet zu sehn —
und ich allein soll, aus einer falschen
Demuth, das Vergnügen verläugnen,
das ich empfinde, dem Hafen nahe zu
seyn? — Nein. — Es ist mir sogar,
wenn ich gerettet am Ufer stehe, und
geängstigte Flotten noch im Sturm der
heulenden Fluthen sich herumwälzen;
bey allem Theil, den meine Menschenliebe an dem Schicksale der leidenden
nimmt, mitten unter den Thränen der
Furcht und des Mitleids unmöglich, ein
gewisses reines Gefühl von dunkeler Freude zu empfinden, von dieser Gefahr aus-
geschlossen zu seyn. —

Dolc' è mirar da ben sicuro porto
L'altrui fatiche all'ampio Mare in mezzo
Se turbo il turba o tempestoso nembo,
Non perchè sia nostro piacer giocondo,

Il travaglio d' alcun, ma perchè dolce
E' se contempli il mal di cui sei privo:

Es ist also, dem Menschen erlaubt, seine Vervollkommnung zu fühlen, sich über erlangte neue Aussichten und überwundne Gefahren zu freun: und der Gedanke, andre vor den Klippen zu warnen, ihnen das Ufer zu zeigen, wo sie anschwimmen können, kann ein reines, edles Selbstgefühl erwecken, das mir schätzbarer ist als die falsche Demuth, die von sich weniger Kraft bekennt, heimliche Aufgeblasenheit unter der Miene des Selbstmißtrauens verbirgt, und mit angemaßter Herablassung, mehr Vollkommenheit errathen läßt, als sie besitzt.

Der Leopard und Tieger scheint unendlich demüthiger, milder und schmeichelnder,

der, als der Löwe, der seine stolze Mähne
emporträgt. Aber welcher ist stolzer?

Noch eins. Wer zweifelt, daß es
Pflicht sey, Unvollkommenheiten an uns
zu fühlen, und Mißtrauen in die noch
schwankende Tugend zu setzen? Nach
welchem Maasstabe sollen wir aber diese
Unvollkommenheiten bestimmen?

Und ist es ohne Berechnung der sittlichen Verhältnisse, in der wir mit unsern
Ideal stehen, auf eine Art möglich zu
wissen, wie nah, oder wie weit wir entfernt sind?

Es ist also nothwendig, erworbene
Stärke zu empfinden. Dieß Vertrauen
auf eigne Geisteskraft, Thätigkeit und
Tugend, ist der reine Stolz einer edlen
Seele; der bisweilen um des Einflusses
willen, den große Talente und moralische
Voll-

Vollkommenheiten in die Lage des
Staats haben, von einer edlen und
heroischen Seele erwartet wird.

Würde Carl der Große im Ernst fähig
gewesen seyn, die Langobarden in Italien, den Taßilo in Bayern, die Slaven,
Dänen, Hunnen und Saracenen zu bän-
digen, nach einem blutigen Kriege von
zwey und dreyßig Jahren, den unbiegsamen
Nacken der tapfern Nation der Sachsen
zu beugen, und wie ein zweyter Numa
ihren halsstarrigen Geist durch die Religion zu mildern; hätt' er nicht in sich
die Kraft gefühlt, die Monarchie zu diesem Grade von Umfang zu bringen?

Es wäre Thorheit, wenn ein starker
gewapneter Mann, bey der Wälzung einer
großen Last, den Hebel aus der Hand
geben wollte, durch den er ungeheure
Ma=

schienen in Bewegung setzet, weil er den
Verdacht fürchtete, Stolz auf seine
Stärke zu verrathen.

Noch mehr; ich bin fest überzeugt,
daß die wahre Geschichte der Menschen,
die großen Revolutionen der Staaten, und
die geheimen Triebfedern, welterschüt-
ternder Begebenheiten, mit mehr Wahrheit, Kürze und Genauigkeit der Nachwelt überliefert werden würde, hätte
jeder Held und Monarch, oder die Männer, die am Steuerruder einer Republik
sitzen, den erlaubten Stolz, Julius Cäsars und Augusts gehabt, ihre Annalen
mit Genauigkeit und Wahrheitsliebe selbst
aufzuzeichnen, oder in ein Monument
zu bringen. (¹)

(1) Monimentum Ancyranum von Chiſſul.

D   Mit

Mit allen den frostigen Declamationen
wider die Partheylichkeit des großen
Cäsars, und nach hundert Parallelen zwischen Dio, Plutarch, Sueton, Tacitus
und ihm selber — welche Energie, welche
Kraft, welcher Muth in dem Geständ-
nisse eigner Fehler? Wie viel geheime
Ideen, die seinem Herzen entwischen?
Daß der Stolz und die Leidenschaften ihn
partheylich gegen Rom und den Senat
machten, ist höchst natürlich.

Man denke sich den Mann, an der
Spitze von zehn siegreichen Legionen, in
der Blüthe und Reife seines Ruhms,
unterstützt durch einen Theil des hohen
Adels in Rom, der von dem Ruhm des
Helden trunken war, geliebt von Köni-
gen und Ueberwundenen — thätig, wirksam,

sam, eyfersüchtig auf den Schatten der
Unsterblichkeit; nach seinen Ideen beleidigt, aufgebracht, wüthend — und stell
ihn an den Rubikon — und frage ihn,
ob er drüber gehen soll oder nicht.

Lukan! dein dichterisches Gespenst ist
schön, ich sehe die Göttin Rom in tiefster
Trauer; ich leide über ihre gesunkene
Macht, und verstellte Majestät; aber
mit allen deinem Geiste wirst du den
Cäsar nicht zurückhalten, über den Rubikon zu gehn. Doch zur Hauptsache. — Kann man
etwas kräftigers, bestimmters vortrefli-
chers lesen, als diese Commentarien?
Niemand kann sie erreichen und über-
treffen, als der älteste General von
Europa, und ein neuer Cäsar. Indeß

D 2   fehlt

fehlt man immer in Rückficht des Stolzes auf zweyerley Art; durch die Ueber-
treibung der wahren Verdienfte, die wir
an uns bemerken; durch die Einbildung
der zweydeutigen oder falfchen, die wir
zu befitzen glauben.

Der Menfch hat löwenhöckifche Gläfer,
feine eigne Verdienfte zu vergrößern, und
katoptrifche Spiegel, die Geficht8züge anderer Phyfionomien in Ungeheuer zu ver-
wandeln. Bey der kleinften erworbnen Ein-
ficht träumt er fich in den weiten Bezirk der
vollkommenften Weisheit. Ein Diamant
oder Goldftaub, den er im Fluffe findet,
macht ihn fo ftolz, als hätt' er die Mi-
nen in Spanien durchgraben, die Plinius fo tief und furchtbar befchreibt. —
Begebenheiten, die ihm der Strom des
Schick-

Schickfals zuführt, und in denen er
eigentlich leidet, wäre er auch glücklich,
erklärt er für Handlungen und Unterneh-
mungen mit Wahl, Freyheit, und Absicht.

Ich spreche ihm seine Verdienste nicht
ab; aber er soll das Gefühl derselben
nicht übertreiben; er soll darum, weil
er am Ufer des Meeres steht, oder in eine
der Cykladen den Fuß setzte, nicht glauben, daß er die Dardanellen erreicht
habe. — Er soll seine Talente gegen hö-
here messen, nicht immer mit falschem
Mitleid zurückschauen, auf die, die er
hinter sich, den Berg hinan, ängstlich
klimmen siehet — auch auf die blicken,
die am obersten Felsen ruhen, an den er
selbst nachklettert.

Er

Er soll das Maas seiner Kräfte gegen seine Schwäche, den wahren Gehalt seiner Tugenden gegen seine Unvollkommenheiten abwägen, sich nicht jede pflichtmäßige, und in Beziehung auf das Ganze nothwendige Handlung, für eine ausserordentliche Anstrengung der Tugend erklären.

Er soll sich nicht über diejenigen erheben, die durch zufällige Umstände, Verführung und Beyspiel auf die schlüpfrigen Wege gerathen sind, auf denen die Vernunft so leicht strauchelt. — Er soll in der Collision der Pflichten nicht diejenigen vorziehen, die Eigendünkel empfiehlt, Stolz auffodert. — Kurz, er soll das reine, edle Vertrauen auf eigne Würksamkeit mit Moralität, Bescheidenheit,

und

und Demuth verbinden, und auch bey
würklichen Verdiensten nichts prahlendes
verrathen. Nichts ist
— Weit unerträglicher ist der Stolz
auf eingebildete Verdienste, und auf
Kräfte, die die Natur oder eine Erzie-
hung versagte. „Ich würde gegen den
„Aufgang der Sonne empor zu den Ge-
„stirnen klimmen, oder mich tief in den
„Schoos der Erde stürzen, um mich mit
„der glänzendsten aller Göttinnen, der
„Monarchie, zu vermählen,“ sagt der
unglückliche Sohn des Oedipus, Etheo-
kles in den Phönizierinnen des Euripides. (¹)   D 4   So

(I) Ἄστρων ἂν ἔλθοιμ᾽ ἡλίου πρὸς ἀντολὰς
Καὶ γῆς ἔνερθεν δυνατὸς ὢν δρᾶσαι τάδε
Τὴν θεῶν μεγίστην ὥστ᾽ ἔχειν τυραννίδα.
Euripides in den

So klettre doch du von Eigenliebe und
Herrschsucht trunkner heroischer Schwär-
mer, du wirst mit aller deiner Monarchie, und mit deinen Hohnlachen, in
wenig Stunden vor einen der Thebaischen
Thore liegen, nicht weit von dem stolzen
Capaneus, den Jupiters Strahl tödtete,
weil er des Donnergottes spottete. —
Und worauf gründet sich dies Vertrauen?
Auf Kraft? auf Stärke des Geistes?
auf Ueberlegenheit der Politik? nein!
auf eingebildete Macht, auf ritterliche
Abendtheuer, auf Träume, deren Spiel
vorüber rauscht.

Der starke rüstige Mann, der große
Lasten mit scheinbarer Leichtigkeit empor
hebt, erweckt unsre Bewunderung; weil
wir

wir bewundern und anstaunen, was das
Selbstgefühl eigner Kraft übersteigt.
Wir heben ihn auf, wenn er strauchelt,
und durch zufällige Furcht oder Schwachheit das Gleichgewicht verliert.

Die Biene, die aus Crokus Veilchen
und Thiemian, (tantus amor florum) begeistert von ihrem Kunsttriebe, glorreich
unter der Arbeit sterben will, rettet ein
Maupertuis, wenn sie sich an den Felsen
verwundet hat.

Diese Empfindung kann von dem Genius der Critik kein steifer Hogartischer
Bathyll, und kein griechischer Seiltän-
zer erwarten, der unter der Porta des
Triumphs ein wenig getrennt überlegt,

D 5   ob

ob er Arzt, Salbenkrämer; Philosoph oder
Mechanikus in Rom werden will, und
nach dem Himmel fliegen, wenn ihm
Wahnsinn oder Hunger die Fittige reicht.

Longin — sein Scharfsinn ist Original
für Kunstrichter; zieht einem Kinde den
Cothurn an; das Kind wird grotesk
und lächerlich.

Ich wüste kein sinnlicher Bild für den
Stolz, und die Aufgeblasenheit männli-
cher Kinder.

Nun zur Absonderung des falschen und
edlen Stolzes. Wer wahre Kraft fühlt,
bläht sich nicht auf; er gleicht dem gesunden Körper des Petron und Quinktilian:

die Nerven ſeines Geiſtes ſind, ohne
überſpannt zu ſeyn, ſtraff; die Muskeln
treten hervor, ohne den ſanften Umriß
ſeiner Schönheit zu verletzen. Männ-
liche Uebung giebt ihm Stärke, Kraft,
und Reiz, indeß der falſche Stolz den
Geiſt entkräftet, und verunſtaltet.

An

An Wille in Paris.

Ich danke Ihnen würdiger deutscher Mann, der den Ruhm unsers Volks mit Frankreich vermählte, für das vortrefliche Blatt, und für die Handschrift, mit der sie es auszeichneten: — Wer sollte nicht neben Wille, in der Nachwelt genennt werden wollen?

Unsterblichkeit verdient allein der Gedanke eines Vaters, das Gemählde seines Sohnes nachzubilden. Mütter, Theurer Wille, haben gefühlt, was Würde und Liebe ist; Kinder die Begier des Gehorsams, und der geschmeidigen Demuth gewonnen.

So weich, so schmelzend mild, saß
        nicht der Cypris Sohn,
Auf deinem Schooß Anacreon.

Und

Und wärmer glänzt er nicht, da er mit

      goldnen Blicken,

Das Herz der Heldin zu entzücken,

Auf Didons wallenden Gewand

Mit einer sanften, ofnen Unschuld stand,

Den Blick Elisens tranck, und was er

      war, empfand:

Mehr täuschte Rubens nicht, nicht

      Guido die Gefühle,

Durch der Erfindung Ernst, und milder

      Farben Spiele.

Nicht Vandyck, nicht der Schöpfer

      sanfter Flur,

Watteau, der Freund der lachenden

      Natur.

Der edle Grieche, der nach einer wei-

      sen Wahl

           Eich

Sich ein unsterblich göttlich Ideal,
Von weichen Thierinnen stahl;
Säh er den mütterlichen Blick —
Der edle Grieche nähm sein Ideal
zurück. (1)

---

(1) Les Délices Maternelles.

Heb.

Hedlinger (1).

Man kann von ihm sagen:

Der Ritter Hedlinger lehrt durch seine hohen Werk, was eigne Talente mit Anstrengung vermögen.

Seine

(1) Oeuvres du Chevalier Hedlinger ou recueil des Medailles de ce celebre Artiste, gravées en taille douce, accompagnées d'une explication historique & critique & précedees de la Vie de l'Auteur & dediée à S. M. Gustave III. Roi de Suede par Chrétien de Mechel, Graveur & membre de diverses Academies à Basle 1776. Von wem könnte dies Werk mit mehr Geist und Stärke gezeichnet werden, als von Mechel, und welchem König könnte es gewidmet werden, als Gustav, dem edelsten Schwedischen Manne, dem Beschützer der Kunst seiner und andrer glorreichen Nationen.

Seine erste Bildung gab er sich selber.
Man kann von Hedlinger sagen, was
Fraguier von Wattau in einen treflichen
Epitaph sagt; aber mit Einschränkung,
denn er behielt das Costume der Alten
bey:

Non veterum tabulas aut signa se-
                                cutus,
Praetulit ingenium, quod sibi fecit,
                            iter.

Cräun, ein Mann von Abel, in dem
Reiche der Kunst, bemerkte, und ent-
wickelte die Kraft dieses Genies, das
bald darauf durch Begeisterung und
Meisterhand die Aufmerksamkeit des St.
Urbain, und du Launay erweckte.

Uuter Carl dem zwölften rief ihn der
Graf Görz nach Schweden; in ein

Königreich, das unter Gustav dem ersten
ernsthafte Litteratur und Wahrheit ver=
breitete, wie unter der großen Königin
Christina und Gustav dem dritten. (¹)

Sein Ruhm nahm in dem Norden
einen heroischen Flug. Der Tod des
Monarchen erschütterte sein edles Herz,
aber nicht seine Kunst.

Die graphische Bildung der Königin
Ulrica Eleonora, König Friedrichs und
des Grafen Horn, verdienten allein die
Aufmerksamkeit der Nachwelt.

(1) Siehe den Brief der Königin Chri-
    stina in dem Leben des Baile, nach der
    Ausgabe 1740. S. 42. — ein Brief,
    der der Königin rühmlich war, und
    den scharfdenkenden Baile der Nachwelt
    noch mehr empfahl.

E   Den

Den Ruf Peter des Großen — wel=
ches Opfer für seine Talente — lehnte er
mit Bescheidenheit ab, um in das Vaterland der Original Werke einzudrin=
gen, und die erhabene Simplicität der
Völker zu studiren, die Klima und Natur, nach Winkelmanns Urtheil auszeich=
nete; Hetrurien, Rom und Griechenland.
Seit dem Ruin von Corinth, unter
Mummius, den Eroberer von Achaja,
und den Siegen des Lukullus in Asien,
fand das betrachtende Genie, geistreiche
Nahrung in Rom, Florenz, und an den
Trümmern des Herkulan und Pestum.

Solimena, Rusconi, und die Kenner
der Anticke, bewunderten das richtige,
durchdringende, scharfe Auge des Ritters,
seine Stärke, Genauigkeit und Feinheit,
in der kraftvollen Darstellung großer
Ideen

Ideen; großer Männer, auf dem Thron,
in dem Gebiete der Wissenschaft und der
Menschheit. Seine Aufmerksamkeit auf
die zufällige, oder moralische Erschütte=
rung des Staats, und Männer, die
ausgezeichnet waren, wie Tessin, und die,
mit Majestät der höhern Einfalt redende
dichterische Allegorie, ward nicht nur
von Dilettanten, sondern von Kennern
ausgezeichnet, die selbst schaffen konn=
ten.

Das Bild der Kayserin Anna ist eines
der vortreflichsten. Es verräth Feuer
und Seele, und macht das Ideal an=
schauend. Wer die Sammlung der
Medicis von Florenz, und des Mariette
mit Aufmerksamkeit betrachtet, der er=
innert sich an die herrliche Gemme, Au=
gust und Livia, wenn er das reizende

Profil

Profil der Maria Rosa, bey dem Bilde
Hedlingers anschaut.   Nur die reinste
und edelste Liebe, die hohe Seelen vereinigt, konnte eine so warme Scene
bilden.

Der Chevalier verlor eine zweyte Cal-
purnia des Plinius, seine Rosa.   Er
weinte an ihrer Urne, aber er machte sie
unter diesen edlen Thränen, für diese
Welt — die andere hat kein irrdischer
Geist in der Gewalt — unsterblich.
Drey Genien tragen ihr reizend Bild
zum Himmel, und er umwindet ihr
Wappenschild mit dem folgsamen und
friedlichen Oelzweig. — Wer ein Herz
hat; und das sollten wir alle haben, als
Männer und Väter; versteht er auch
nicht die feinsten Nuancen der Allegorie;

die

die der Künſtler in das todte Metall
hauchte — er muß Theil nehmen.

Der Adler in Wolken; der die Krone
von Lorbeern trägt, und den Palmen=
kranz in ſeiner Klaue; verdiente, wie
ſeine Meiſterſtücke überhaupt, Heblinger
die Stelle in der königlichen Academie
zu Berlin, die unter dem Schuß des
Monarchen, und dem Vorſitz des Manu=
pertuis blühete.

Konnte man auch den Flug des königz
lichen Helden und des Siegers beſtimm=
ter, und mit höherer Kraft ausdrücken?

Zum Nebenbilde dieſer großen Idee,
würde ich den Medaillon auf die Kayſer=
in, Maria Thereſia wählen; den Wahr=
heit, weiſe und hohe Allegorie ſo unver=
geßlich macht, als die Kraft der Kunſt,

E 3   die

die Schärfe und Genauigkeit des bilden-
den Ausdrucks.

Die Tugend, unter der Gestalt einer
geflügelten Schönheit, mit Würde — es
ist bekannt, daß das Wort Tugend, bey
allen Nationen Muth, Entschlossenheit,
und Wirkungskraft ἀρετή anzeigt, trägt
in der rechten Hand die Lanze der Mi-
nerva, und in der linken eine Krone von
Lorbeern.

Auf ihrer heroischen Brust glänzt die
alles erleuchtende Sonne, und zu ihren
Füßen liegt das Füllhorn des Ueberfluſ-
ſes, das Herkules den Achelous ent-
wandte.

Der Künstler steigt immer höher,
wenn er Patriot, ohne falscher Saats-
kunſt

kunſt iſt; mit dem Jahrhunderte fort geht,
in dem er lebt. Wer hat ein Gefühl —
und fühlt nicht die Vorſtellung der
Schlacht, die die Freyheit der Schweiz
entſchied. Ein Volk, das frey iſt,
ohne die Freyheit zu mißbrauchen, verdient die Aufmerkſamkeit aller Völker
und denkenden Männer, und man wird
gerührt, wenn ein Künſtler von er-
ſter Kraft, in ſo wenig redenden Bildern ausdrückt, was des Jahrhunderts
und der Unſterblichkeit wehrt iſt.

Lieber B. R.

Sie werden es unerwartet finden, aber
Sie wiſſen wie oft mich das Unerwartete
überraſcht. In dem Augenblick, da ich
meine moraliſche Zeichnung des edlen

Heb-

Heblingers vor mir liegen habe, und prüfe; tritt H. Lebrecht, ein Künstler von großen Talenten herein, der die Kayserin des Nordens, und viele ausgezeichnete Seelen, vortreflich gebildet hat, und den die Monarchin; ein neuer Beweis Ihrer scharfen und milden Aufmerksamkeit auf ausgezeichnete Verdienste, nach Italien reisen läßt. So viel jezt, ich hoffe Ihnen bald mehr Nachricht von den Kunstwerken zu geben, die Ihm Ruhm erwerben.

Von

Bonfadio.

Glauben Sie nicht Cäcil, daß der Brief des Bonfadio erdichtet ist. Der Kunstrichter, der Ihnen dieses gesagt hat, würde eine der ehrwürdigsten Anecdoten von Italien durch seinen Scharfsinn vertilgt haben. Mit den Werken des Geschichtschreibers Bonfadio werd ich sie künftig bekannt machen, er verdient neben Guicciardini zu stehn, der die ausgezeichnete Geschichte von Italien geschrieben hat.

Jezt nur ein Wort zur Befriedigung ihres bescheidnen Skepticismus. Dieser edle Genueser ward, wahrscheinlich um der Freyheit willen, mit der er vom Staat sprach, ein Opfer der Politik.

E 5

Er

Er mag den Tod verdient haben, oder
nicht; die Ruhe des Geistes und des
Herzens, mit der er schreibt, indeß der
Scheiterhaufen gebauet wird, verräth
eine Standhaftigkeit, die, wenn sie in
Rom unter dem Scipio sich geäußert
hätte, eine rührende Stelle in Valerius
Maximus gebracht haben würde,

Die Würde und Einfall des Ausdrucks; die Kaltblütigkeit gegen den
Tod, und Wärme gegen die Freund=
schaft; der ruhige Blick in die Ewigkeit,
verdient auf die Nachwelt zu kommen,
Hier haben Sie, lieber Freund, den
Brief nach meiner Uebersetzung und im
Original. — Denn ich halte es für
nützlich, nach dem Beyspiel des Pope
Originale beyzufügen, die selten sind, und
eine

eine Ermunterung zur Vergleichung der Sprachen erwecken könnnen.

Brief an Grimaldi.

Es wird mir schwer zu sterben, weil ich, wie ich glaube, den Tod nicht verdient habe. Indeß unterwerfe ich mich dem Willen Gottes. Noch eins drückt mich — daß ich undankbar sterbe, und so vielen edlen Männern, die für mich ängstlich, sorgfältig arbeiteten; vorzüglich Ihnen, gnädigster Herr, kein Merkmal meines dankvollen Herzens geben konnte. Mit dem letzten Hauche meines Odens sage ich Grimaldi, und meinen gnädigen Freunden, ewigen Dank. Ich empfehle Ew. Gnaden Bonfadio meinen Neffen. Man wird meinen Körper in St. Lorenzo be-

begraben. Wenn man aus jener Welt ein freundlich Merkmal der Liebe und Ehrfurcht geben kann, ohne Schauder zu erwecken, so werd ich es thun. (')

(1) Mi pesa il morire, perchè non mi pare di meritartanto: e pur m'acqueto del voler d' Iddio; e mi pesa ancora, perchè moro ingrato, non potendo render segno a tanti onorati gentiluomini, che per me hanno sudato ed angustiato, e massimamente a Vostra Signoria, del grato animo mio. Le rendo con l'estremo spirito grazie infinite, e le raccomando Bonfadino mio nipote, e al Signor Domenico Grillo, ed al Signor Cipriano Pallavicino. Sepellirauno il corpo mio in S. Lorenzo; e se da quel mondo di la si potrà dar qualche amico segno senza spavento, lo farò. Restate tutti felici.

Me=

Melanchthon
oder
die falsche Nachahmung.

Der große Geist, den selbst ein
            weiser Cardinal, (¹)
Der Welschen Stolz, und Leons Lieb-
            ling ehrte,
Melanchthon, ein Orignal;
Den Deutschland mit Entzücken hörte,
Weil er die reine, sanfte, göttliche
            Moral,
Mit Scharfsinn, Kraft und hoher
            Einfalt lehrte,
Und — was noch größer war, sie
      durch sein Herz empfahl;

                              Fand,

(1) Bembo Sekretair Leo des zehnten,
    ein Edler von Venedig.

— Fand, und dies war sein Spiel,
im dunkelsten der Träume,
Was deutet nicht ein glückliches
Genie?
Mehr Licht, als ich, tief in der
Poesie
Der neuen Lykophrons, und mancher
Barbenreime;
Wars Fehler der Natur, rückt ihn ein
Zufall schief,
Kurz, er, der große Mann, trug
eine Schulter tief —
Wer wollte nicht an Ruhm dem Phi-
losophen gleichen?
Von dem Europa laut, sogar am
Hofe sprach? —
Wetteifert man vielleicht durch Geist
ihn zu erreichen?

                              Nein!

Nein! Schwachheit der Natur, und
   launen ahmt man nach!
Da war kein Philosoph, der nicht von
   Tränmen sprach;
Ganz Deutschland ließ zu träumen sich
   gelüsten,
Und jeder Caudidat, den man zur
   Kanzel rief,
Trug zur Erbauung aller Christen
Die eine Schulter tief.

———

Das heißt, wie Flakkus sagt, den
   Cato nicht erreichen,
Wenn wir ihm durch den Schnitt der
   kurzen Toga gleichen.

———

Das Leben des Melanchthon von
Camerarius, ist eine der tref-
lichsten Biographien, mit plutar-
          chi-

chischem Geiste, philosophischer Genauigkeit, und satirischer Laune über die
Sophisterey der damaligen Schulen geschrieben. Nie ist ein Charackter richti-
ger bestimmt, und bis auf seine feinsten
Züge treffender gezeichnet worden! Ca-
merar macht uns folgende Idee von
der hohen Einfalt des Melanchthonischen
Vortrags. Er besaß das Talent, gründlich, scharfsinnig, bestimmt und zierlich
zu reden; doch besser Camerarius selbst.
Non ille inanibus verbis quasi perstre-
pere; Non a re proposita sermonem
abducere, non aliena intexere. Sed
veluti intra suas ripas, flumen orationis
coercere. Haec est in exponendo per-
spicua, in narrando & ornata satis &
copiosa, in argumentando acuta neque
tamen mollis aut enneruata, verum
etiam

etiam non declamatoria quidem illa
abundantia, fed luculenta breuitate fortis
& animofa, eosque aculeos defigens,
qui penetrando vulnerent, non pungant
tantum perſtringendo. — Fern vom
Pomp eines falſchen Pathos — der Ma-
terie treu, die er behandelte, war er ein
Strom, der ſich im Fluthbette erhielt,
und nie das Ufer überſchwemmte. Deut-
lichkeit in der Erklärung, erlaubte
Schminke und Reichthum in der Erzäh-
lung, Scharfſinn und Feinheit im Beweiſe, entfernten ihn von dem weichen
nervenloſen Ausdruck, wie von jenem de-
klamatoriſchen Ueberfluß; bey einer leichten Kürze ſtark und kräftig, kützelte er
nicht nur durch einen leichten Riß, der
Stachel ſeines Vortrags drang tief, und
verwundete das Herz.

F   Got-

Anekdote zu Melanchthon.

Gottes Gnad durch seinem Einge-
bornen Sohn Jesum Christum unsern
Heiland und warhafftiglichen Helffer
zuvor.

Erbare weise günstige Herren und
Freunde, Ich bitt gantz vleissig diß meine
Schrift guttwilliglich anzunehmen, belau-
gend die Schulregirung In der Stadt
Hertzberg, denn wie wol Ich mich da
nichts anmaß, so hoff Ich doch Ew. Erbarkeiten, werden mir Ein Vorbitt, für
gut halten, In sonderheit diwell dieser
Junge Mann Johannes Clarus Ew. Erbarkeit bekannt ist, und Ist zu Herrtzberg geboren, und Ist war, daß,
dieser Johannes von Gott, mit gaben
Ingenii Reichlich gezieret Ist, wie seine
Schriften ausweisen, In beiden Sprachen

chen Lateinisch und griechisch, und In
Carmine und Prosa, darin auch zu sehen,
das ehr seer wol gelart Ist In gedachten Sprachen und loblichen Künsten,
auch Ist zu hoffen, durch Gottes Hülff
das Er mitt der Zeit In Kirchen oder
Universitäten vor andern nützlich mag gebraucht werden: dazu Ist Er gotts-
fürchtig und gnter Sitten, diweil denn
Jetzund die Schulregirung In der Stadt
Herrtzberg ledig Ist, bitt Ich neben
gedachten Johann Clarus, Ew. Erbarkeiten wollen Ihm die Schul anvertraun
wegen seiner guten geschicklichkeit, dero-
halben zu hoffen Ehr werde der Jugent
seer nützlich und der stadt Ein Zier seyn,
werde auch durch diesen Anfang mehr
bekannt werden, und zu grosser arbeit
In Kirchen oder Universitäten erfodert,

dar-

darumb bitt ich gantz vleißig Ew. Erbarkeiten wollen Jhn, diesen Jhres mitburgers
Son, vaterlich laſſen bevohlen sein, daran
E. Erbarkeit auch Gott Ein wolgefällig
werk thun, und wo Jch den Ewren dienen kan, bin Jch dazu willig, der all-
mechtige Gott wölle diß land vnd E. Erbarkeiten vnd die Ewren allezeit gnedig-
lich bewaren, datum 14 Augusti Anno
1558.

Ewr. Erbarkeiten

williger
Diener
Philippus Melanchthon.

———————

Dieſer Brief verglichen mit dem
geiſtreichen Briefe Luthers an Me-
lanch.

lanchthon, ist seiner hohen Einfalt we=
gen, und der Kraft, die in dem Aus=
druck liegt, werth zur Ehre der Deut=
schen bekannter zu werden. Er ist so wie
ein sehr naiver Brief an Luthers Gemah=
lin, ein schätzbares Kleinod der Bibliothek
zu Wittenberg, einer Universität, die
das Glück hatte, die grösten Instaurato=
ren der Religion zu besitzen.

Egeria.

Gewölbt vom Pan, und von dem
             Tibergotte,
Mit hoher Einfalt der Natur,
Lag auf Dianens Lieblings Flur
Egeriens geheimnißvolle Grotte.
Ein Silberquell, der murmelnd sich ergoß,
Und unverdrängt von stolzen Marmor=
             wasen

F 3   Rein,

Rein, wie Cryſtall aus wilden Tropf-
                                ſtein floß,
Durchſchlängelte den ewig grünen Raſen.
Hier wars, wo Roms Lykurg, um-
                        glänzt vom ſtillen Mond
Bey nächtlichen Orakeln lauſchte,
Hier, wo vom wilden Nord verſchont,
Auf goldnen Fittigen ein ew'ger Zephyr
                                    rauſchte,
Hier kühlte ſich der Veſta Prieſterinn
Vom heiligen, und vom verbotnen Feuer,
Und ſank, enthüllt vom ſilberfarbnen
                                Schleyer,
Anbetend auf ein Beet von wilden
                    Roſen hin. —
Weißagung und Orakel tönten
Untriglich aus Egeriens Göttermund,
Und Kranke, die nach Rettung ſtöhnten,

                                    Be-

Berührten kaum den Quell, so wurden
sie gesund.

Doch kaum verdrängt, der Wollust und
dem Geize

Mehr als der edlen Einfalt hold —
Das königliche Rom durch Marmor und
durch Gold

Die ländliche Natur aus ihrem wilden
Reize;

So hüllt Egeria das künftige Geschick
In dunkle Nacht; der Quell versiegt und
tritt zurück,

Die Nymphe weigert sich, den Marmor
zu bewohnen,

Und überläßt, verscheucht durch falschen
Ruhm,

Das übertünchte Heiligthum (¹)

Dem

(1) In vallem Egeriae descendimus, &
speluncas

Dem Eigennuz und Spott ausländ'scher
Nationen.

So wird durch den, der dich mit
fremden Glanze schmückt,
Religion, die Kraft, die dich beseelt,
erstickt,
Und durch gesuchte Kunst, die Wahrheit unterdrückt.

Diſſimileis veris, quanto præſtantius eſſet
Numen aquæ, viridi ſi margine clauderet
undas
Herba, nec ingenuum violarent marmora
tophum?
S. Juvenal. 3. I.

Odeum.

von
Christian August Clodius.

Zweites Stück, des ersten Theils.

Mit Churfürstl. Sächsischer Freiheit.

Leipzig, im Monat Junius 1784.
beym Verfasser, und in Kommission, in der Churfürstl. Zeitungs-Expedition.

Demopater

Augusta und Amalia.

Non sic excubiae, non circumstantia pila
Quam tutatur Amor. —

Demopater, Augusta und Amalia.

Wie sanft du schlummerst, Amalia, lieber, kleiner, milder Engel; indeß der Sturm der einsamen Mitternacht, mit fürchterlichen Schwingen, um die Tempel der lautbrausenden Elbe schwebt, und deine Augusta, deine Mutter, furchtbare Träume erschüttern.

Schreckliches Bild — grauenvolle Bifalten und Pflasters; schweigende Todeshügel, ohne Schauder konnt ich euch nicht denken. —

O Hymen, enthülle dich von deinem himmelblauen Schleyer; und der Gott der Liebe, küsse von den Wangen der Psyche die reine heilige Thräne, die sie vergießt.

Doch Träume sind Geschöpfe der erschütterten Einbildungskraft, Geschöpfe der schwankenden Furcht, und der bebenden Liebe. —

Du erwachst Amalia, dein gefühlvolles Auge richtet seinen ersten Blick empor

zum

zum Himmel. Ich küsse die offene Stirn, und dein geistvolles Auge.

Komm — ehr wird der Strahl des Donners mich treffen, als den Vater einer Million glücklicher Bürger, die bey der mitternächtlichen Lampe an dem Altar liegen, und für Demopater beten. Komm, umwinde mit dem kleinen geschmeidigen Arm deinen Vater, wenn er erwacht — Gott wird dich und mich mit den goldnen Flügeln der Hoffnung bedecken. Was wär für uns ein Leben, ohne Demopater? —

O wie sanft ruht das Auge des Schlummernden! — seine Brust athmet freier; heiter ist seine entfaltete Stirn, wie das Morgenroth. Sein Blut wallt friedlicher als der Silberquell im Thal. Amalia, er wird für uns erwachen, für uns, Deutschland, und Europa leben.

Demopater erwacht.

Herr, wer ist dir gleich unter den Göttern? Wer ist dir gleich, der so mächtig, heilig, schrecklich, löblich und wunderthätig sey? — Nah war ich dem Tode, mein erschüttert Blut wallte lauter und stür-

stürmender. Ein Engel Gottes träufel-
te einen Tropfen Oel in meine Wunden
— und ich fühle die ganze Kraft dieses
Tropfens. — Was mich noch mehr
rührt, — ich werde stärker. — Der
Engel, den du mir sandest, war schön,
rein, heiter, und hatte die Gestalt, die
Miene meiner Augusta. —

Augusta.

Allmächtiger Gott, eh ich ihn anrede,
sieh mich hier auf meinen Knieen, und
erbarme dich meiner Amalia. — Kann
dich dieses offne Auge rühren, so gieb ihr
die Kraft eines Engels ihn zu stärken,
Gott: er blickt auf, er erkennt mich. —

Demopater.

Ich fühle den ganzen Werth und die
Kraft deiner Liebe, und deines Gebets.
Gott hat mich der Furcht des Todes entrissen. Ich bin ganz wieder dein, auf
ewig dein, denn unsere Seelen konnten
sich nicht trennen. — Ich bin ganz dein
Demopater.

Augu

Augusta.

Edelster der deutschen Männer. —
Ich lege auf deinen Schooß deine Tochter
Amalia. —

Demopater.

O süße liebliche Freundin meines Herzens, — würd'ge Mutter, gieb mir den
kleinen Liebling — ich will ihn an meine
väterliche Brust drücken — Augusta und
Amalia, dein Gemahl, und dein Vater
wird leben.

Augusta.

O wann du lebst, so leb ich, und Amalia,
und Millionen Menschen, die für dich beten.
Entzückung wird sich wie ein glühender
Strom in ihre Herzen ergießen, —

Die Erde bebt in ihren Schranken,
Die Felsen und die Hügel wanken,
Die Ceder auf den Bergen bricht;
Nur deiner Sachsen Treue nicht.

Der

Der nordische Adler.

Eine heroische Allegorie.

Dem König Gustav dem Dritten

gewidmet.

Des ersten Theils. Zweites Stück.

Pugnas et exactos tyrannos
  Densum humeris bibit aure vulgus.

                                  Horat.

Der nordische Adler.

Zehn Falken, scharf von Blick, herrsch-
    süchtig, unverdrossen,
Zu jeder kühnen That; an Macht und
    List sich gleich,
Geheimnißvoll, verstellt, entscheidend, und
    entschlossen,
Vertheilten unter sich des todten Adlers
    Reich,
Den Jupiter vom hohen Göttersitze,
Weil er im kühnen Sonnenflug,

Sein

Sein sterblich Haupt zu stolz zum Himmel trug,

Gleich dem Salmoneus, mit einem seiner
Blitze,

Tief in dem Norden niederschlug —

Zwar huldigten sie einem neuen Throne,

Und setzten feyerlich der Nordbezwinger
Crone

Auf zweener Adler Haupt; doch Reich
und Vaterland,

Blieb funfzig Jahr in ihrer stolzen Hand;

Und wenn im Norden sich ein Freund der
Adler fand,

So wußten sie ihn schlau zu packen,

Und stürzten auf ihn ein, und brachen
ihm den Nacken.

Der zweyte König starb — Ein junger
Held, sein Sohn,

Durch

Durch Wolken und durch Sturm ge-
     prüft, mit kühnen Schwingen,

Dem Alpenkönig gleich, zur Sonn' empor
     zu dringen,

Doch mild wie Zevs, sein Gott, besteigt
     des Nordens Thron;

Er sieht mit edlem Grimm zun Füßen
Der stolzen Aristokratie,

Gebürg, und Hayn, und Wald, in stillen
     Thränen fließen,

Und weint als König über sie.

Er schwört, mit ihm zween Adler, seine
     Brüder,

Das Volk zu retten — Zevs hört den er-
     habnen Schwur,

Und donnert — unter ihm bebt furchtbar
     die Natur —

Dreymal den hohen Beyfall nieder.

       G 3   Der

Der Falken sichrer Stolz beflügelte den
Strahl

Des Blitzes, der sie traf — die troßigen
Verzagten,

Als wären sie Monarchen, wagten

Vor ihr despotisch Tribunal

Den Mächtigern zu ziehn — Entflammt
vom kühnen Spotte

Der Majestät, brach aus der lauten
Grotte

Der Falkenbändiger hervor,

Verriegelte mit starker Klau das Thor

Und schwung als Sieger sich auf einen
Fels empor.

Ihm huldigten die lautern Chöre

Des Volks, ihm huldigten die Heere;

Die Adler jeder Nation,

Versicherten freywillig ihm den Thron.

So

So ward er, ohne Blut, Herr seiner Na-

tion.

Die Falken zitterten vor ihres Siegers

Blicken:

Er wußte zu verzeihn — blieb auch im

Glück ein Held;

Und breitete Muth, Freyheit, und Entzü-

cken

Durchs Vaterland — Bewundrung durch

die Welt.

Ergo vivida vis animi peruicit. *Lucretius.*

———————

Ait-

Αιτολις η Αμαρυλλις, η Κωμαστης, ει-
δυλλιον.

———

Poetisch kritische Erklärung der
dritten theokritischen Idylle; eine
Fortsetzung der Abhandlung über den
Geist des Theokrit, in dem vierten
Stücke meiner Versuche aus der Lit-
teratur und Moral.

Ohne mit dem Casaubonus (¹) weitläuftig zu untersuchen, ob dieses Gedicht
unter die παρακλαυσιθυρα gehört, zu denen man nach seiner Meinung das vier
und zwanzigste Idyllion, und nach dem
Torrentius, das Lydia dormis des
rö-

(1) Siehe die Lectiones Theocrit. c. 5.

des römischen Pindars zählen könnte, fin-
de ich in diesem Selbstgespräch des Theokritischen Komastes, den ganzen Geist des
Dichters. Bald sollte ich glauben, daß
er seine eigne Empfindung reden lasse,
so viel Natur und sanfte Begeisterung
herrscht in diesem ländlichen Liede; und so
würdig sind, die zwischen den Hirten und
Bias und Endymion gemachte Verglei-
chungen des Dichters; doch will ich meine
Muthmaßung nicht behaupten, damit ich nicht in den Verdacht komme,
der eingedrückten Nase des Hirten, der der Held des kleinen Ro-
mans ist, oder einer trocknen Wortforschung (¹) eines theokritischen Beynah-
mens, diesen Einfall zu danken

G 5   zu

(1) Siehe das Argument der dritten Idylle.

zu haben. Ueberhaupt sind dergleichen
Anmerkungen von wenig Nutzen, sobald
man voraussetzt, daß ein glücklich Genie
in der Hitze seiner Begeisterung, sich in
jede Verfassung setzt, und die Sprache
der Leidenschaft in seiner Gewalt hat,
wenn er auch nicht eben von einem
individuellen Gegenstand gerührt ist. Die
gesuchte Anspielung auf die Gestalt des
Dichters, entscheidet noch weniger. Hätte
Theokrit durch einen unglücklichen Zufall
ein Auge verlohren, so würde die
scholastische Kritik mit eben dem Rechte
behauptet haben, daß der verliebte Cy-
klope ein lebendiger Abbruck seines Ver-
fassers sey. Kurz, dieses Hirtenlied
ist schön. Hätte ein witziger Fontenelle,
oder eine schwermüthige Deshouliere, den

Plan

Plan dieses Gedichts erfunden, und ihm
den französischen Ausdruck geliehn, wie
gerührt würde der in neure Schönheiten
verliebte Deutsche seyn? Welche glückli-
che Wendung? Wie viel natürliche Ein=
falt? Welche schlaue Uebergänge von der
Liebe zum Unwillen, von dem Unwillen
zur Verzweifelung, und von dieser wie=
der zur Liebe? Doch Theokrit mag sich
selber loben. Ein Schattenriß von dem
Gemälde mag die Stelle eines Commen=
tars vertreten.

Weide geliebter Tityrus meine Ziegen, und führe sie zur Quelle Tityrus.
Hüte dich aber vor dem weisen unver-
schnittenen Hammel, daß er dich nicht
stoße. O reizende Amaryllis, warum
blickst du nicht in meine Grotte, und
nennst

nennst mich nicht mehr deinen kleinen Ge-
liebten? Bist du mir gram? Scheint
dir in der Nähe vielleicht meine Nase
zu eingedrückt, und mein Bart zu strau-
bicht? Nymphe! gewiß, du wirst noch
machen, daß ich (¹) mich tödte. Siehe,
hier bring ich dir zehn Aepfel, gepflückt
auf der Stelle, wo du mir geböteſt, ſie
zu pflücken. Morgen will ich dir zehn
andre bringen. O ſieh nur zurück auf
meinen empfindlichen Schmerz! Würd
ich

(1) Απαγξασθαι με ποιησεις, Theokrit mag
hängen laſſen, wie er einen andern
Liebhaber vor dem Hauſe ſeiner Ge-
liebten ſich aufknüpfen läßt; ich will
ihm die Wahl ſeines verliebten Todes
überlaſſen. Wahrſcheinlich wird er
etwas ſanfterer aus der Welt kommen.

ich doch schnell zur lispelnden Biene, so
kam ich in deine liebliche Grotte, und
flatterte durch den Epheu, der dich um-
schattet.(¹) Nun weiß ich, daß Amor ein
grausamer Gott ist.   Gewiß, ihn nährte
die Brust eines Löwen, und seine Mutter
erzog ihn tief im   einsamen   Walde.
Wie ein Feuer verbrennt er mich, und
verzehrt meine Gebeine! O süßes, liebli-
ches

(1) Bey dieser Stelle hat der berühmte
  Palmerius einen Beweis gegeben, wie
  oft die Gelehrsamkeit Zweydeutigkeiten
  in die unschuldigsten Stellen der Alten
  hineinträgt.   Nichts kann weniger
  zweydeutig seyn, als die Worte des
  Hirten, und gleichwohl sagt der gelehrte Commentator: suspicor sensum sub-
  esse ἀιτολικον et obscoenum. Siehe
  Exercit. Palmerii p. 796.

ches Mädchen, ganz von Felsen, o Nymphe mit dem schwarzen Augenbraun, umarme mich armen Hirten, daß ich dich
küsse. Auch in dem leeren Kusse ist eine
süße Wollust. Ja du wirst noch machen,
daß ich gleich, auf der Stelle, meinen
Kranz in kleine Stücken zerreiße, den ich
dir zu gefallen, o geliebte Amaryllis, aus
Ephen geflochten, und mit wohlriechen-
den Eppich durchwunden. Weh mir,
was wird noch aus mir werden? Ich Unglücklicher! Ich will dieses härne Gewand ausziehn, und in die Wellen mich
stürzen; von dem Felsen, wo der Fischer
Olpis die Thunnen beschleicht. Sterb
ich auch nicht, so wird dieß doch dir schon
eine Wollust seyn. Das hab ich neu-
lich gemerkt, da auf meine Frage, ob

du

du mich liebteſt, das angeſchlage-
ne Blatt keinen Laut von ſich gab, (¹)
und in meiner zarten Hand vertrock-
nete. Auch ſagte mir Agröv, die Wahr-
ſagerin, als ſie vor kurzem an den Brom-
beerſträuchen (²) Kräuter las; ich liebte
dich

(1) Siehe von einer ähnlichen Gewohnheit des Hords dritte Satire des zweiten Buchs v. 272.

Quid, cum Picenis excerpens ſemina
pomis,

Gaudes ſi cameram percuſti forte,
penes te es?

(2) Ich nehme hier aus der Muthmaßung des Herrn Reiske περι βα-
της an. Es ſcheint mir dem Charakter der Zauberin angemeſſener zu
ſeyn, wenn ſie magiſche Kräuter ſucht,
als

dich heftig, aber du liebteſt mich nicht.
Siehe, für dich bewahre ich eine weiße
Ziege, die Mutter zwo kleiner Ziegen:
die braune Tochter des Mermnon fordert
ſie von mir, und ich will ſie ihr geben,
weil du mich nur verſpotteſt. Doch was
juckt mir mein rechtes Auge? Werde ich
vielleicht ſie erblicken? Ja, hier an die
Fichte will ich mich legen und ſingen;
vielleicht gönnt ſie mir einen Blick,
denn das Mädchen iſt doch nicht von Fel=
ſen.

als wenn ſie ſich vermiethet Aehren zu
leſen, oder Unkraut auszuraufen.
Das ποιολογειν iſt auch nicht nöthwen-
dig, wie Palmerius glaubt, von der
ſarritione zu verſtehn. Cf. Reiske ad
h. l.

fen. (') —   Hippomenes, da er sich mit
Atalanta vermählen wollte, warf die
gülb.

(1) Das Telephilum wird von dem Scholiasten auf verschiedene Art erklärt.
Alles kommt darauf hinaus, daß aber-
gläubische Liebhaber aus dem Anschla-
ge und Laute eines weissagenden Blat-
tes, sich eine Art von Orakel machten,
um zu erfahren, ob sie geliebt oder ge-
haßt würden.

Ἅλλεται οφθαλμος μευ ὁ δεξιος. Plautus
im Pönulus sagt: Niſi quia futurum
eſt, ita ſupercilium ſalit. Svidas
nennt dieses nach einem gewissen Poſi-
donius παλμικον οιωνισμα, diuinationem
ex palpitatione. Von dergleichen
abergläubischen Vorbedeutungen der
Al-

H

gûldnen Aepfel aus, (¹) und gewann im
Wettrennen; und Atalanta, wie fah fie
ihnan, wie rafete fie, wie ward fie ſterb-
lich

Alten, fiehe den Theophraſt περι δεισι-
δαιμονιας. Wir wollen nicht über die
Griechen lachen, ſo lange noch bey
uns das Klingen des rechten Ohrs eine Bedeutung hat.

(1) Ἱππομενης μαλα εν χερσιν ελων, Hippomenes hintergieng die ſchlaue Atalanta im Wettlauf durch ausgeworfne
goldne Aepfel. Dieſe ſind es unſtreitig, worauf der Poet anſpielt. Man
kann hier μαλα alſo nicht mit Herr
Reiske durch oues überſetzen. Der
Hirt trägt in ſeiner Hand die Aepfel,
die er für ſeine Geliebte gepflückt, dabey fällt ihm vermuthlich der Hippomenes ein.

lich verliebt! Auch Melampus, der Wahrsager, t.ieb die Heerde des Iphiklus von dem
Berg Othrys nach Pylos, und durch ihn ruh-
te in der Umarmung des Bias die schöne
Mutter der weisen Alphesibôa. (¹)

Hat nicht Adonis, da er hoch auf den
Bergen Schafe weidete, die reizende Venus so rasend vor Liebe gemacht, daß sie ihn
auch todt, nicht aus ihrer Umarmung ent-
fliehen läßt. Glücklich ist der im ewigen
Schlummer ruhende Hirt Endymion, der
liebling der Luna; glücklich Jasion, o
liebstes Mädchen, denn er genoß, was

H 2   kein

(1) Siehe den Scholiasten — Melampus,
   ein griechischer Wahrsager, brachte es
   nach vielen Abentheuern dahin, seinem
   Bruder Bias, die Gemahlin, die er
   liebte, zu vermählen.

kein Unheiliger hören soll. (¹) — Mir
thut mein Kopf weh, du aber achtest es
nicht; gut ich will nicht mehr singen, hier
will ich liegen bleiben, und da sollen die
Wölfe mich fressen, das wird Honigsüße
für dich seyn.

O Corydon, Corydon, quae te dementia
cepit.

(1) Der Ausdruck βεβηλοις kann aus dem
Aristophanes erläutert werden, wo er
in den Chören gebraucht wird. Die
Römer trugen ihn in ihre Tempel über.
Daher das Horazische Odi profanum
vulgus et arceo. Eigentlich ist dies ein
Ausdruck des Eleusinischen Geheim-
nisses.

Ueber

Ueber den Geist des Theokrits, und der Idylle.

Was Horaz (¹) von dem bescheiden zu mildernden Contrast der königlichen Tragedie, mit dem gaukelnden Spiele der Silenen und Faunen sagt, kann nach Marmontels Urtheil, ganz auf Charakter, Handlung, Sitten und Gesinnung der ländlichen Idylle angewendet werden; so wie die reizende Einfalt der Elegie, in den warmen, schmelzenden Bildern, des Originalzeichners der weichen Natur, Ovids. — Wie man im Homer das Ideal des heroischen Geistes fühlt, so

H 3   fühlt

(1) Siehe die Abhandlung Euripides, im ersten Theil der Versuche.

fühlt man das Ideal der Idylle im Theo=
krit.

„Simplicität, ohne Kosten der Mannichfaltigkeit; Reichthum, ohne Ueberfluß, und mit Wahl. — Seine Gemälde sind nicht einförmig; er schildert nicht
nur die Natur in ihrer Ruhe, sondern
auch die kleinen flüchtigen Schönheiten,
die oft dem sorglosen Zuschauer entwischen.
Castiglione, Berghem, und der fleissige
Vernet, können nicht glücklicher wählen,
als er gewählet hat, wenn es auf die Bestimmung einer ländlichen Scene ankommt. Sein Colorit ist fein, ohne
blendend zu seyn. Hirten, ohne alle na=
türliche Fähigkeit, würden unter den gemeinen Menschen erniedrigt werden, und
die Achtung mindern, die man für die

Un-

Unschuld gewinnen will. Witzige Kö=
pfe, voll Antithesen und strotzender Ge=
lehrsamkeit, könnten der einfältigen Na=
tur einen lächerlichen Anstrich geben, und
in das abentheuerliche des Ronsards ver=
fallen. Der Dichter hat die Verstan=
desfähigkeiten seiner Hirten weder zu weit
eingeschränkt, noch erweitert. Er giebt
ihnen eine Kenntniß von der Oberfläche
der Natur, und mehr ein gesundes Ge=
fühl, als einen tiefen Verstand, der in
die Ursachen und Wirkungen eindringet.
Aus diesem Grunde gefallen sie auch so=
gar in ihren Irrthümern. Man sieht
sie ohne Widerwillen vor dem Pan in der
Mittagsstunde erzittern, und läßt sichs
gefallen, wenn eine zärtliche Thesty=
lis, aus Eifersucht eine griechische Cani=

H. 4   dia

dia wird. (¹)   Und welche Empfindungen! Bisweilen scheint es, als wenn die
Tugend sichtbar, in dem Gewande der
ländlichen Unschuld, unter den wollenrei-
chen Heerden Siciliens wandelte, und
die noch neue Natur glänzt auf den Ge-
málden des Theokrits frisch, wie der
Thau auf den Blumen des Huysum.
Man liest das Herz auf der Stirne der
handelnden Hirten, und versetzt sich mit
mehrerer Freude in das güldne Jahrhun-
dert des Theokrits, als in das saturnische
Reich des Hesiodus zurück.“

Boileau drang, nach meinem Gefühl,
in Rücksicht auf Ton, Ausdruck und
Sprache, in die ganze Idee des Horaz
ein. Wir wollen beide vergleichen.

Die

(1) Idyll. II. und die Abhandlung über
    Theokrit, im 4ten Stücke der Versuche.

Die Zusammenstellung scharffinniger
Meifter der Kunft ift nach Ariftoteles,
Quintilian und Lessing, die reichfte Quelle
der ernften Kritik.   Horaz, (¹) in dem
herrlichen Criticismus über das Theater,
und das Heldengedicht der Römer, nach
Rammlers kräftiger Nachbildung, fagt
entfcheidend: Wenn man fchalkhafte,
wenn man beiffende Satyren, mit auf
die Bühne bringen; wenn man den
Ernft mit dem Gelächter abändern will;
fo hüte man fich, daß der tragifche Gott

H 5   oder

(1) Hor. Arte poet. v. 225.
  Verum ita rifores, ita commendare *)
            dicaces.

Der Ausbruck commendare heißt hier
offenbar, kontraftiren, unter der Zufam-
menftellung vergleichen.

oder Held, den man mit dem Satyr zusammen stellt, und der sich kurz zuvor im
königlichen Purpur und Golde sehen ließ,
nicht mit pöbelhaften Reden in die Ta-
berne wandre, oder indem er die Erde
vermeidet, sich in die Wolken verliere.

Der Wetteiferer des Vida, Boileau,
mahlt mit dem sanften Incarnat der Natur

Conueniet Satyros, ita vertere feria
    ludo,
Ne, quicunque Deus, quicunque ad-
    hibebitur heros,
Regali confpectus in auro nuper et
    oftro,
Migret in obfcuras humili fermone
    tabernas;
Aut, dum vitat humum, nubes et
    inania captet.

tur, ein ſüßes ſchmeichelndes Fantom der Idyllen, das dem Geſetze des Flaccus entſpricht. (')

Doch das ganze Bild, in einer freien Nachahmung. Auch der deutſche Maler hat ſeinen Ton der Farben und Züge.

Wie

(1) Telle qu' une Bergere, au plus beau
jour de Fête,
De ſuperbes Rubis, ne charge point
ſa tête;
Et ſans mêler à l'or l'eclat des Dia-
mans ,
Cueille en un champ voiſin, ſes plus
beaux ornemens:
Telle, aimable en ſon air, mais hum-
ble dans ſon Stile,
Doit eclater ſans pompe une elegante
Idylle —

„Wie eine ländliche Schönheit, an
dem heitersten Tage der Feyer, mit stolzen Rubinen ihr glänzendes Haupt nicht
belastet, nicht besorgt ist mit dem Strahlen
des Diamants, Gold in wallende Locken zu
flechten; auf einer nahen Wiese ihren schön-
sten Schmuck pflückt; so liebenswürdig
in ihrer Gestalt, demüthig in ihrem Ausdruck — umile in tanta gloria —
glänzt, ohne falscher Pracht, die reizende
Idylle.

Ihr Ton von hoher Einfalt ge-
schmückt, verleugnet den Stolz eines hof-
färtigen Versbaus. Ihre Milde.— Hier
dachte ich an Ovid, Catull und Horaz
— schmeichelt, entzückt, erweckt, und
bezaubert. Niemals erschüttert sie das

Ohr

Ohr durch einen furchtbar erhabenen
Ausdruck

Un rimeur aux abois —
Ein Dichter und Autor, in der Angst sei=
nes Geistes, in dem stürmischen Umlauf
seiner grotesken dichterischen Ader;
wirft aus Verdruß die ländliche
Flöte, mit der sanften Schallmey des
Hirten dahin, und zerschmettert das Ohr
des fühlenden Mädchens, mit lächerlichem
Pomp, durch die kriegerische Tuba.

Aus Furcht ihn zu hören, stürzt sich
Pan, in den rauschenden Arm seiner Sy=
rinr; erschütterte Nymphen fliehen vom
Schreck gedrängt, tief unter die Wellen.——
Ein andrer, weggeworfen in seinen Aus=
druck, leihet den Hirten die niebrige
Sprache des Dorfs.   Sein platter und

pöbel-

pöbelhafter Vers, der Grazie beraubt,
küsset die Erde, und kriecht schwermüthig
auf ihr.

Man hört Ronsard wieder, und ses
pipeaux rustiques, auf denen er schnarr-
te; man hört seine gothische Jdylle —

Entre ces deux excès la route est
difficile.

Suivez pour la trouver, Theocrite
& Virgile —

Ihre weich gebildeten Schriften, eingehaucht von der Grazie, lese der aufblühen-
de Dichter, Tag und Nacht.

Sie allein, in ihren weisen, ausge-
bildeten Liedern, werden ihn lehren, durch
welchen Geschmack, mit Kunst, ein
Jdyl-

Idyllenschöpfer, ohne ins Niedrige zu
sinken, sich herabläßt — Flora, reizende Felder, Pomona, den frölichen
Winzer besingt; Hirten zu einem
Wettstreit der ländlichen Flöte auffordert;
die süßen Lockungen des reizenden Amors
erhebt; Narciß in eine duftende Blu-
me verwandelt, und um die Pencische
Daphne nach der begeisterten Schilderung
des Ovids, die schleichende Rinde flicht;
durch welche kunstschlaue Wendung, —
hier denke man an Pope und die vierte
Idylle Virgils — die Ekloge, das
Feld und den Hayn, eines Consuls von
Rom würdig bilden kann.

Daran erkennt man anschauend die
Stärke und Grazie, der lachenden ländlichen Idylle.

Tel-

Telle est de ce poëme, et la force,

et la grace."

Doch ohne viele Theorie, zwey Beyspiele die das falsche Erhabene, und das kriechende Kleine, erläutern können. — Ich will sie aus unsrer Nation nehmen, denn wir sind unserm Nationalgeiste, die erste Aufmerksamkeit schuldig.

Wer hat Gefühl, Ehrfurcht gegen Gott, und Liebe für die Deutschen; der nicht den unsterblichen Mäcen Hammoniens, Brocks, den Freund Hagedorns, verehrte. Von der Seite der hohen Empfindung, des Fleisses, der edlen Gesinnung war er Urbild. — Aber in der Mahlerey der Natur, durch zu ängstliche Sorgfalt, alle Reize des Himmels, des Pflanzenreichs zu schildern, dunkel.

Man

Man bewundert den Fleiß eines zweiten
Derham, aber wer will, oder kann,
bey dem Detail ähnlicher und successiver
Schönheiten — Leßing im Laokoon philo-
sophirt darüber sehr richtig — das empfinden, was das Auge des fühlenden
Kenners, in einen Blick vereinigt. Ein
Sturm des Lukrez, und seiner Nachahmer reißt uns mit der Macht des Himmels hin. Wir sehen den Wellenbändi-
ger; die feurige Rechte des donnernden
Jupiters, verschlungene Insuln, vom
Vulkan gewölbte Berge, den gestirnten
Himmel, das Spiel der farbigten Wolken. In der Idylle des Theokrit —
trägt die Insul Cos, den neugebohrnen
König mütterlich auf ihrem Arm. Der
Adler Jupiters deckt ihn mit seinen königlichen Schwingen — Neptuns Drey-

J   zack

zack besänftigt die Wellen. — Alles ist
bilderreich, alles lebt wie in den Welten
des Orients. Nicht so Brocks. Armi-
nius und Thusnelda verleiteten ihn, alles
mit Brillanten und Rubinen zu umwinden.

„Oft schwebt ein fast (¹) durchsichtger
dünner Duft
Im grünlich weißen Glanz vom Mond
verkläret,
Als wie ein silbernes Gewölk, in blauer
Luft;
Der dann des Himmels Pracht, und
Thyrsis Lust vermehret.
Man

(1) Warum fast? — Der grünlich weiße
Glanz — das silberne Gewölke —
die vermehrte Pracht des Himmels —
der Gedanke, man kann nicht leicht —
ist Prosa.

Man kann nicht leicht was rein und
hellers sehen,

Als wenn an den gestirnten Höhen

Des tiefen Raums saphirnes Blau

Der zarten Wolken bunten Schleyer,

Den bald ein hell und bald ein dunkel
grau, (¹)

Bald ein fast blendend weiß, und bald
ein gelblichs Feuer

Mit Streifen mancher Art, mit tausend Bildern schmückt;

Durch stille Kraft gemach an manchem
Ort zerstückt.

Da dann der Oeffnungen so lichte
Gränzen

J 2　　　　Der

(1) Das bald hell, bald dunkel grau —
die Streifen mancher Art — sind dunkel.

Der Tiefe Dunkelheit (') noch) mehr ver-
dunkeln;

Wodurch hiernächst der Sternen Strahl
und Glänzen

Noch desto feuriger, und angenehmer
funkeln."

Das wahre Edle, und der Reiß hoher Einfalt, grenzt besonders in der Sprache der Leidenschaft mit dem Erhabnen,
und rührt.

Von Sympathie durchdrungen weint
man mit der Iris, der schwermüthigen
Deshoulieres, und nimmt an der schwär-
menden Eifersucht Theil, die mit der ster-
ben-

(s) Die mehr verdunkelte Dunkelheit der
Tiefe, und angenehm funkelnde Son-
nenstrahlen, sind richtige Bilder aus
der Natur, aber die Einbildungskraft
und das Gedächtniß kann sie nicht
fassen.

bendet Natur und dem schattichten Hayn
zürnt, und dem Nordwind auf den Flügeln (¹) ihrer Einbildungskraft entgegen
eilt, ihn zur Entblätterung, und zum Um-
sturz der treulosen, dunklen, gewölbten Gebüsche auffordert, die ihre Rivalin ver-
bargen. Hier ist Stärke ohne Schwulst.

Wer aber kann, wär er ein Cato oder
Phocion, eine Runzel auf der Stirn be-
halten, wenn ein Karrikaturmaler der
Natur in einer gereimten gähnenden Pro-

J 3   se,

(1) Les Dieux à mes malheurs feront
      plus secourables,
L'hiver aura pour moi de rigueurs fa-
vorables.
Il approche & deja les fougueux Aqui-
lons
Par leur souffle glacé desolent nos
Vallons.

se, Philurenens beliebte Linden, krumm
gewachsne Ruthen, welkes Gras, halb
kahl, halb gelbe Zweige schildert.

Wenn Damon sang, und Thyrsis
bließ

Von einer Schäferin, die Dorimene
hieß. —

Wenn beide Hirten beym Untergang der Sonne auf dem Heimweg ein
Schock buhlender Mädchen herzählen;
auf Kosten aller Gespielinnen, einer ein-
zigen, ein unempfindlich Herz leihn. —
Nur eine Stelle, dann ist das Serpit hu-
mi anschauend vorgestellt.

„Denn sieh nur unsre Schäferin-
nen,

„Wie leicht sie einen lieb gewinnen,

„Der sich wie Jupiter, zum goldnen Regen macht.

„Syl-

„Sylvander; ja ich wollte wetten,

Wenn wir ein Angesicht wie Mops

        mein Schafhund hätten;

Wenn wir im Kopfe dumm,

Am Rücken und an Füßen krumm,

In Worten grob, in Sitten häßlich

        wären,

Und wollten uns dabey, nur vor ver-

        liebt erklären:

So würden wir doch mit Geschenken

Die Herzen aller Schönen lenken."—

Hier ist wohl die Dunkelheit des
Ausdrucks, und die Schwulst vermieden.
Longin ist von einer Seite befriedigt; es
ist Natur, aber nicht edle Natur. —
Hier hat Amor, der im Geßner, selbst
nach Marmontels geistvollem Urtheil, die
Grazie zur Begleiterin wählte, den

        Schleyer

Schleyer abgeworfen, unter dem er Hand
in Hand mit der unsterblichen Psyche,
schlau und schalkhaft heraus schielt. —
Ich weiß den Verfasser dieses Idyllions
nicht; das weiß ich, daß ich es in mein
kritisches Tagebuch eingezeichnet habe.
Er konnte der vortrefflichste Mann seyn,
aber seine ländliche Malerey wird kein
Bergheim nachbilden.

Der Urne des verewigten Quandt gewidmet.

Wer arm, durch Wollust nie zerstreut,
  Fromm, und in Einfalt lebt;
Nur den krönt Muth zur Ewigkeit,
  Nach der ein Plato strebt.

Glänzt

Glänzt auch von Gold nicht das Gewand,
    Das Haupt von Salben nicht;
Sein Stolz ist Weisheit, und Verstand,
    Erfindungskraft, und Pflicht.

Die Unschuld drückt bescheidnen Reiz
    In seine freie Stirn,
Und kein gebietherischer Geiz
    Erschüttert sein Gehirn.

Oft steht ein deutscher Tantalus
    Mit Purpur angethan,
Und dürstet arm im Ueberfluß,
    Am goldnen Ocean.

Gebüsche sprechen laut dem Sturm,
    Wann Cedern zittern, Hohn;
Und Blitze malmen in dem Thurm,
    Die mild vor Hütten flohn. —

            J 5   Was

Was ist, Adrast, des Menschen Loos,
   Er sey Weis' oder Held,
Wie Pyrrhus, durch Gesinnung groß,
   Ideenvoll, wie die Welt?

Was sind dann ganze Welten? Staub —
   Was ist Ruhm, Stolz und Macht?
Erschütternder Zerstörung Raub,
   Und Sturm der Mitternacht.

Durch Wohlthun schwingt der Erdensohn
   Sich mächtig auf zu Gott,
Glänzt heiter vor des Richters Thron,
   Und sein Gewinn, war Tod.

———————

Epitaphium
des verklärten Forschers der Natur
Ludewigs.

Dein Geist ermannte sich mit Kraft,
      auf Newtons Schwingen,
Und Fittigen des Lichts, Erfahrung zu
      erringen.
Gott sah herab, auf deinen großen
      Plan,
Und winkte dir, schnell, ohne den Vul-
      kan;
Durch rauschender Planeten Bahn,
Den dritten Himmel zu durchdringen.

La Fontaine, und Adelaide. (¹)

Dein menschenfreundlicher Delphin,

Um den die Meereswogen glühn,

Und Sturm der Wolken schwebt, als

stürzten auf das Schelten

Der zürnenden Natur, Fels, und Ge-

stirn, und Welten;

Ist bilderreich und stark; an scharfen

Witz nicht leer,

Fontaine, nur verzeih, die Fabel ist zu

schwer.

Mein

(1) Siehe die Fabel vom Delphin im la
Fontaine, und die freie Nachahmung in meinen neuen vermischten
Schriften. Zur Naturgeschichte und
dem Charakter des Thiers gehört der
malerische Brief des jüngern Plinius.
Pline le dit; il le faut croire.

Mein brauner Liebling, von zwölf
Jahren —

Du kennst des Jungen Geist, sein pur-
purroth Gesicht,

Sein glühend Herz — versteht sie selber
nicht —

„Er selber nicht? Kunstrichter von
zwölf Jahren —

„Madam, dies ist Beweis, daß sie nicht
warm zur Pflicht,

Das Feu'r des Geist's in ihm zu wecken,
waren.

Ihr weichen Köpfe, die ihr wei-
bisch zagt,

Wenn Lichtwehr (¹) einen Schwung in
höh're Dichtkunst wagt;

Und

(1) Siehe seine seltsamen Menschen;
Gleims

Und die ihr Hagedorn, da, wo er denkt,
              beklagt:

Wollt ihr der kleinen Welt, das Glück
              des Denkens gönnen;

So bildet früh ihr Herz, und öffnet den
              Verstand,

Daß sie durchs glänzende Gewand

Der Kunst, den Geist und Reiz der
              Wahrheit fühlen können.

Tongilian nach Marzial.

Du kaufst ein Haus, Tongilian,
Für zweymal hundert tausend;

                              Ein

Gleims Berathschlagung der Pferde,
Hagedorns Löwen, Gellerts Fliege,
und Leßings Schwan.

Ein nur zu oft in Rom laut wüthender
Vulkan,

Raubt dirs im Sturm der Feuerwolken
braufend.

Wir fammlen für den Brand (') dir zehn-
mal hundert taufend.

Tongilian, Tongilian,

Du ſteckſt doch wohl dein Haus nicht ſel-
ber an?

Empta domus fuerat tibi, Tongiliane,
ducentis :

Abſtulit hanc nimium caſus in vrbe
frequens

Collatum eſt decies: rogo, non potes
ipſe videri

Incendiſſe tuam, Tongiliane, do-
mum?

(1) Ueber die Seſtertien, und ihr Verhältniß gegen das Seſtertium, ſehe man
Bu-

Die Belagerung.

Ein Heer der Guelfen warf Bombarden
ohne Zahl,

Schnell, wie der Blitz, und wirksam,
wie sein Strahl,

Auf stolze Tempel, und auf marmorne
Palläste

Der alten königlichen Veste.

„Um Gottes willen, rief der tapfre Ge=
neral,

Der Dohm ist schon im Brand, der
Flammen Fluth strömt heller —

Eins

Budäus de Asse, Burmann und El=
senschmid.

Ernesti, in seinem Index über den
Cicero, hat die Berechnung gründlich
erläutert, und simplificirt.

Eins rettet, das Archiv; — wo ist der
Archivar?"

„Der Archivar?" Der Archivar.
„Wo soll er seyn? Da, wo er immer
war."

„Und wo?" Er sitzt." Wo sitzt er
denn?" Im Keller.

„Was thut er da?" Er löscht. „Wie
kann das möglich seyn?"

„Was löscht er?" Seinen Durst.
„Womit?" Mit Coppernwein.

Dulce est pro patria bibere.

Das

Das Kameel. (¹)

Ein Reisender, der schon seit funfzig
Sommern lebte,

Geprüft durch Schiffbruch und Gefahr,

Doch, wie man sieht, kein Pokok, Nie-
buhr, war —

Stieg aus dem Nil ans Land, sah ein
Kameel, erbebte,

Floh mit erstarrtem Blick

Bestürzt und stumm an seinen Bord zurück.

„Was zitterst du? Rief ein Matrosen-
knabe,

Der schon zum drittenmal die Pyramiden
sah,

„Der Knochenberg steht ohne Galle da,

„Und

(¹) Nach la Fontaine.

„Und fürchtet sich vor eines Kindes

Stabe.

Er sprachs, griff das Kameel beym

Ohr,

Stieg auf, und ritt es sanft dem guten

Alten vor, -

Der durch das Kind beschämt die leere

Furcht verlor.

Oft hat, Trotz zwanzig Jahren,

Ein kluger Jüngling mehr erfahren,

Als ein aus Stolz gereister Thor.

Wa

Wateau und Fraguer.

Wateau, ein Liebling der schönen Natur, vermählte das Costüme, und die Sitte seines Zeitalters, mit dem Reiz der Kraft, und der weisen Stärke der Antike.

Auf seiner Wäse, ist er Grieche, und Hetrurier; das würde ihm Caylus, und Gorius, zween Kenner des alten, edlen hohen Stiels, nicht absprechen. Der Geist der gesellschaftlichen Freude, und Entzückung, ruht auf der offnen Stirn seiner feinen svelten Gestalten. Aus dem Auge anakreontischer Mädchen, ergießt sich mild das Feuer der warmen Empfindung, vermischt mit schalkhaftem Scherze.

Sind

Sind auch die Gewänder des Wat=
teau, durch die Natur der spanisch=fran=
zösischen Sitte, ein wenig starrer, und an=
gegoßner, als die weichen reizenden Fal=
ten der Vestalinnen und Grazien, fällt er
auch oft in den Ton des Theaters, so
glänzen sie doch wellenförmig im Spiel
des lachenden Zephyrs — Naivität,
Grazie und Würde glänzt aus den länd=
lichen Tänzen: Terpsichore und Bathyll
winden sich durch die lachenden Chöre ge=
selliger Nymphen: Noverre und Vestris
scheinen unter arkadischen Nymphen zu
wohnen.

Wie vermählst du so mild, sagt Do=
rat, reizende Zauberey, Stärke mit
der Grazie, der Leichtigkeit, und der

glück=

glücklichen Fertigkeit. (¹) — Mit so
vieler Kunst und Mannigfaltigkeit verlaufen sich deine launischen Schritte, daß
das Auge dich nicht ereilen kann, und doch
sich nicht verwirrt. — Mit minder
leichtem Schwung flattert der Schmetterling empor — und nicht schwerer ruht er
auf den Violen und Rosen, die er küßt.
— Wateaus ganzer Charakter ist in einer
vortrefflichen Elegie des Fraguer nach
dem Leben gezeichnet. Theokrit nahm
den Anakreon nicht glücklicher auf, als
der Dichter den Wateau. — Wir sehn
όλον ταν ανδρα. (²)

Es

(1) Dorat p. 169.

(2) Poetarum ex Academia Gallica, qui
      Latine aut Graece scripserunt, Car-
                                                mi-

Es ist rühmlich für Wateau, daß er
sich unter der Aufsicht des Claudius Gil-
lot und Audran, nach den edelsten Origi-
nalen bildete.

Es ist eine schmeichelnde Anekdote
seines wirksamen Geistes, daß la Fosse,
dem jüngern Künstler, mit der Unpar-
theylichkeit eines edlen Mannes sagte:

Wateau, ihr kennet eure eigne
Stärke nicht; ihr habt mehr Kunst als
wir, euer wirksam Genie, wird unsrer
Malerakademie Ruhm bringen. (¹)

K 4 Wer

mina Altera editio, Parisiensi au-
ctior MDCCXL.

(1) Siehe das Leben der berühmtesten
Maler von d'Argensville, 4ter Theil
S. 524 nach der Uebersetzung des Hrn.
D. Volkmanns.

Wer denkt nicht bey dieser Auffoderung zur Kunst, und zum Ruhm, die Wateau empfinden mußte, an Hedlinger und Cicero? Dem erstern schrieb ein großer Mann, non siete troppo modesto. — Dem Cicero sagt Apollonius (1) von Rhodus: dein Genie, Tullius, lobe und bewundre ich, aber mich dauert Griechenland. Litteratur — Weltweisheit und Beredsamkeit, war der einzige Ruhm, der uns übrig blieb, und du .... trägst

(1) Te equidem, M. Tulli, collaudo et admiror; sed me Graecorum fortunae miseret, cum videam doctrinae et eloquentiae laudem, quae sola nobis reliqua erat, per te ad Romanos translatam esse. Siehe des Fr. Fabricius Leben des Cicero, und den Plutarch, der diese Anekdote aufbehielt.

trägst ihn hinüber nach Rom. Es ist eben
so rühmlich für Wateaus Erfindungs- und
Zeichnungskraft, daß Fraguer sich, und
ihm die Unsterblichkeit gab.

Dieser ernsthafte Gelehrte, dessen
kritische Richtigkeit und geschmackvolle
Kenntniß, durch lehrreiche Abhandlun-
gen der Akademie der Inschriften bekannt ist, verdient auch als Dichter neben Huet, Massieu, Olivet, und Monera
zu stehn. (1)

Sadolet, dessen Laokoon (2) Leßing eines alten Dichters würdig nennt, würde

K 5

(1) Man findet diese geistreichen Nach-
bilder des römischen Ausdrucks
Schwungs und Rhythmus, in der eben
angeführten Sammlung.

(2) S. Laokoon, p. 71.

es nicht beleidigend finden, mit Fraguer
zusammen gestellt zu werden. Das Epitaphium des Wateau hat alle Eigenschaf-
ten des Epigramms.

Es erweckt Aufmerksamkeit, Neu-
gier, Suspension, und löst zuletzt das
Stillstehn der Seele, durch die Entwi-
ckelung der Ideen auf, welche die Erwar-
tung spannten. Hierzu kömmt, daß es
einen sittlichen Werth hat. — Alle An-
thologien wimmeln, wie man aus Junius, (1) Byrmann, und der Albinischen
Blumenlese sehn kann, von Aufschriften
auf große Künstler; ein Beweis,
daß beide sich der Ewigkeit werth achte-
ten, und werth waren. — Aus einer
ähn-

(1) De Pictura, einem kläßischen Werke
in der Geschichte der Kunst

ähnlichen Quelle des Herzens, floß Fra-
guers Elegie, die, zusammen gehalten
mit den Deliciis Danorum, ein neuer
Beweis ist, wie viel löbliche Ideen, und
kraftvolle Nachahmung, die neuern Ita-
liener, Franzosen und Deutschen in der
römischen Dichtkunst gehabt haben. —

Ihr rythmischer leichter Versbau,
und die Ordnung der Ideen, widerlegt
stillschweigend das träge Vorurtheil der
Kritiker, die glauben, es sey unmöglich,
Scharfsinn, Genauigkeit, Geschmack und
Licht, in einer alten Sprache auszudrü-
cken.

Guter Claubian, du schreibst deine
Gigantomachie in beiden Sprachen;
zum Unglück für meine Meinung, wur
de dein Riesenkrieg, nach dem Einfall des
Bembo

Bembo, in einen Wurmerkrieg (blatto
machia) verwandelt, — sonst hätten
wir in der Kette der Induktion ein Glied
mehr. Doch zum Fraguer selber: der
Watcaus Geist dargestellt, und zusam-
mengedrängt hat. Hier ist das Original, weil diese Sammlung unter die Bücher gehört, die selten gelesen werden. (') Hier

Wateaui Pictoris
Epitaphium.

Si te Picturae studium, si candida virtus
  Tangit, et aetatis gloria vera tuae,
Pictoris Belgae Wateaui nobile bustum,
  Quisquis ades, madidis, aspice lumini-
bus.
Quo sincera modo dat se natura viden-
dam,

Sic

Sic studuit docili pingere cuncta manu.
Talis Apellaeos distinxit forma labores,
  Nescia mentitum quaerere forma decus.
Ergo non veterum tabulas aut signa se-
      cutus,
Praetulit ingenuum, quod sibi fecit,
      iter.
Felix et, pueros et molles ponere Nym-
      phas,
Corpora quae Charites et Venus ipsa
      probet.
Quin et cum nostro vestitas more figuras
Egregium rarae pingeret artis opus,
Gratia pingenti radium formosa regebat,
Stabat et insueto capta lepore Venus.
Rura etiam, lucosque Deum, nemorum-
      que latebras
Solerti facilis composuisse modo.
Arcadiae saltus, rorantiaque antra puta-
      res,

                      Vir-

Et loca fyluicolis trita videre Deis.

Virtutum fpecie pura, vitaeque colore

Simplice, quam pulchra clarior arte
fuit.

Hic feptem fpatio luftrorum annisque duo-
bus,

Exhaufit vitae tempora curta fuae.

Mens apprima fagax, vitiofo in corpore
vires

Infirmae, longi caufa fuere mali.

Pulmonumque lues inuifa tabe peremit,

Cui dederat moeftos faepius ire dies.

In tabulis viuax, in caris viuit amicis,

Qui fibi praereptum nocte dieque do-
lent:

E quibus vnus ei titulum hunc in fede re-
mota

Fixit, vt aeternae pignus amicitiae.

Hier ift die Abzeichnung des Frague-
rifchen Gemälbes.

Wenn

Wenn dich der Eifer für die hohe Kunst,
Talent des Geistes, und des Herzens

rührt,
Wer du auch seyst, — o Wandrer, die-
ses Grab
Ist glorreich — Wateaus Grab, des ed-
len Belgen
Des Malers — gönn dem Marmor eine
Thräne —
Wie die Natur sich darstellt, ohne
Prunk,
Belauschte sie, des weisen Künstlers
Geist.
So glänzten deine sanftern mildern For-
men
Apelles, unbekannt mit trügerischem Reize

Man

Nie stahl er knechtisch Umriß vom
Gemälde

Der Alten, brach sich selbst die hohe
Bahn:

Schuf reizend Jünglinge, schuf weiche
Nymphen;

Geliebt von Venus und von Grazien em-
pfunden.

Er hüllte reizende Gestalten seltner
Schönheit,

In unsrer Sitte glänzende Gewande.

Die Grazie führt ihm die Hand im Zeich-
nen,

Gerührt stand Venus von der neuen Schöpfung,

Feld, Götterhayne, wild gewölbte Grotten

Schuf er, leicht wie sein Geist, mit Fleiß
und Stärke.

Man

Man träumt mit ihm, den Silberthau
des Morgens,

Arabien, und Satyren und Faunen.

Doch durch den reinen Glanz der Tu-
genb,

Durch Einfalt seines Wandels, war er
grösser;

Als durch den Reiz der Kunst und seine
Schöpfung.

Der Raum von sieben Lustren und zwey
Jaßten

Erschöpfte, o Wateau, dein zu kurzes Leben.

Dein Geist, durch Forschen, und dein
Leib durch Krankheit

Entkräftet, öffnete die Quelle trüber Leiden.

Ein furchtbar Gift, das du so oft be-
weintest,

      £   **Wähl**

Wühlt tief in deiner Brust, und tödtet
	Wateau.

Unsterblich in Gemälden, und in meinem
	Herzen

Der Freunde lebst du, die dich laut be-
	weinen

Tief in der Mitternacht, im Thau des
	Morgens.

Der Guten einer weint still an den Todes-
	Hügel;

Errichtet dir dieß Monument aus Liebe,

Ein Denkmal warmer Freundschaft, für
	die Nachwelt. —

Ille te mecum locus, et beatae
Postulant arces: ibi tu calentem
Debita sparges lacruma fauillam
	Vatis amici.

So

So konnte der sterbende Wateau seinem Freund Fragmer in der letzten Umarmung sagen.

Ein redendes Gemälde in der Pina-
kothek des H. Winklers, kann die Wißbe-
gier jedes betrachtenden Geistes reizen und
befriedigen.   Hier ist die Beschreibung
des H. Kreuchaufs, von einem Wateau.

Ein Frauenzimmer hat sich bey einem
verzierten Springbrunnen an die Brust
des scherzenden Mezetius geworfen, und
läßt den Arm in seinen Schooß sinken.
Er zeigt auf ihre vergnügte Gesellschaft,
die sie weiterhin im grünen Klee verließen.
Zu den Füßen der Schönen sitzt ein Kind,
das mit einem zottigten Hündchen spielt,

(2   und.

und hinter dem glücklichen Liebhaber reicht
eine gefällige Gespielin dem verliebten
Paare frische Rosen vom hoch aufgeschossenen Strauche. —

Gellert und Cleon.

Erster Dialog.

Th. Wo wollen Sie hin? — Nur
nicht so heftig. —

Cl. Wer kann langsam gehn, wenn man
zu Gellert geht, und schnell wenn man

ihn

ihn verläßt?—O Sie kommen von ihm
her, war er heiter?

Th. So heiter, als da die schöne Baroneß von K. sanft erröthend die nächt-
liche Lampe mit Rosen umwand, die
den feinern Theil der Deutschen er-
leuchtet.

El. Sie konnten mir nichts rührenders
sagen. Morgen will ich im Rosentha-
le Ihnen ein Idyllion auf ihn vorle-
sen, das mir der rauschende West
und der Durchbruch des Mondes ab-
drang. Ich schrieb es umwölbt von
zwey Eichen, unter dem Rauschen der
Pleiße, auf dem Rasen, wo er so gern
ruht.

Zweiter Dialog.

El. Welche Einfalt in seinem Vorzimmer!

K 3　　　　Wel=

Welche Stille! Sechs Pilaster von
Marmor, und goldne Decken rühren
mich weniger, als der Blick auf den
Sopha, wo Gellert ruht. Doch hier
kommt sein Gb. —— Ich beschwöre
Sie, Gb., bey Gellert, bey Quanz's
silberner Flöte, bey Benda, und ihrem
Violoncell, machen Sie, daß ich den
Profeßor allein spreche.

Geb. Sie haben ihm doch nichts Unange-
nehmes zu sagen?

El. Wie können Sie das von mir erwarten?

Geb. Gut; so gehen Sie hinein. Ich
erwarte zwey preußische Männer, die
ihn, so wie der König, schätzen.

Dritter Dialog.

Gellert. Willkommen lieber El. Sie
treffen

treffen mich ungewöhnlich heiter. Eben
erhielt ich einen lieben rührenden Brief,
in dem das Naive und Schalkhafte der
Babet, und die edlen Gesinnungen der
Sevigné sich mild verlaufen.

Cl. Ich habe nicht Kritik und Welt genug, aber ich fühle, daß wir an feinern und sanftern Nerven des Geistes
durch das weicher gebildete Geschlecht
übertroffen werden.

Gel. Sie haben Recht, Eleon! Der
Geist der mildern Schönheit ist freier,
die Leichtigkeit der Ideen, der Natur
und Empfindungen wird nicht durch
Mühe und ängstliche Gelehrsamkeit
unterdrückt, oder durch einen grotesken
Witz tollkühn. Ich weis keinen Voi-
türe unter den Dichterinnen, aber mehr

L 4   als

als einen unter den Schriftstellern. Haben Sie Voiture und Balzac gelesen?

El. Ja, und auch die geistreiche Parodie des Gallischen Horaz. (¹)

Gel. Sie ist lehrreich auch für die deutschen Voitures und Balzacs. — Nun, Cleon, ich habe Sie längst fragen wollen, wie bildet sich der Baron?

Ent-

(1) Oeuvres de Boileau Desperaux. Tom. IV. p. 76. Ed. de Dresde 1767. à Monseigneur le Duc de Vivonne. Hier schreibt der Dichter in dem Geiste des Balzac, ahmt seinen kostbaren Stil, und das falsche Pathos in Voitures Laune nach. Der Hyperbolische Ausdruck, ist ebenfalls ganz nachgebildet. Nur ein Beyspiel Serieusement, votre dernier combat, fait un bruit de diable aux enfers.

Entspricht er meiner Hoffnung, und Ihrer Aufmerksamkeit? Ist er bieg= sam, thätig, hat er Durst nach neuen Ideen — vor allem, liebt er den Ernst der Religion?

Cl. Er fühlt ihre hohe Würde — Sau= rin, Mosheim und Jerusalem sind seine Lehrer. — Er studirt die Alten, und liest Malebranche und Locke.

Gel. Liebt er Geometrie, Kunst, und bildet er sein Herz?

Cl. Er gewinnt täglich — der Beweis ist, daß er sie täglich mehr liebt, und kindlich verehrt.

Gel. Aber warum bringen Sie ihn nicht mit, wenn er mich liebt? oder haben Sie mir etwas allein zu sagen?

Cl. Ich nehme mir die Freiheit, liebet

L 5   Gellert,

Gellert, Ihnen eine Sammlung lyrischer Gedichte zu überreichen, die ich
zum Druck bestimmt habe.

Gel. Eine ganze Sammlung? Lyrischer
Gedichte? Wie alt sind Sie denn,
Cleon?

Cl. Zwanzig Jahr, lieber Gellert.

Gel. Sie sind besonders glücklich, Cleon!
Zwanzig Jahr? Catull ward zeitig
Genie; aber einen so schnellen Flug
nahm er nicht, und Horaz schrieb seine
stärksten Oden im fünf und vierzigsten.
— Doch wir müssen nicht zu ernst-
haft werden. — Wie viel Oden haben Sie denn im zwanzigsten Jahre
geschrieben, Cleon?

Cl. Nur Achtzig.

Gel. Nur Achtzig?

Cl.

Cl. Nur Achtzig.

Gel. Achtzig Oden. — Und die alle
zum Druck bestimmt? — Herr
Gd.!

Gel. Was befehlen Sie, Herr Professor?

Gel. Setzen Sie sich, und bleiben Sie
bey uns. — Ich bin nicht gern mit einem Poeten allein. Clepn hat achtzig
Oden geschrieben, und will sie alle
achtzig drucken lassen.

Ged. Das ist viel, sehr viel, Herr Professor!

Gel. Und ich soll sie alle lesen. —

Ged. Das ist noch mehr, Herr Professor.

Cl. Ich erwarte von Ihrem kritischen
Scharfsinn, edler deutscher Mann,
und von dem Ausspruch ihres feinen
Ge-

Gefühls die Entscheidung meiner auß
blühenden lyrischen Einbildungskraft.

Gel. Leben Sie wohl. In vierzehn Ta-
gen erwarten sie meine aufrichtige Meinung. Legen Sie die Handschrift auf
mein Pult — Herr Gd.! Achtzig
Oden? Leben Sie wohl, Cleon.

Cl. Ich verehre Sie als meinen Vater.

Vierter Dialog.

Zur rechten Zeit, Cleon, kommen Sie,
eben wollt ich Sie rufen lassen. Es
ist mir nicht gleichgültig, so viel wahre Männer und Ausländer zu unter-
halten; aber die Zeit ist geflügelt, ich
kann sie nicht wieder ereilen.

Cl. Eben darum ist mir jeder Augenblick
schätzbar, und lehrreich, den mir Gellert gönnt.

Gel.

Gel. Und ich achte Ihr Vertrauen auf
mein Urtheil — aber ich will auch
verdienen. Man muß den jungen Lorbeer beschneiden, wenn er Kraft und
Gestalt gewinnen soll. Eben fällt
mir ein, was haben Sie heute gelesen?

El. Die horazische Ode, Nolis longa fe-
rae bella Numantiae —

Gel. Eine vortreffliche Ode, voll Em-
pfindung und Grazie, von der feinen
Anakreontischen Gattung. Können
Sie mir sie übersetzen?

El. Ich habe sie zu meiner Bildung,
und um die Ideen dieses Originals
anschauend zu fühlen, eben über-
setzt.

Gel. In Versen?

El.

El. Nein, in einer Rhythmischen Prose;
Ramler und Geßner waren hier mein
Original.

Gel. Haben Sie die Lycimnia bey sich?

El. Hier ist sie, — ich wünsche, daß sie
unter dem Schleyer meiner Nachbildung nicht ganz ihren Reiz möge verloren haben.

Gel. Lesen Sie mir ihren Schattenriß
vor. — Ich fühle, daß Sie Talent
zinn Lesen ohne überspannte Declama-
tion haben; — bilden Sie das Talent aus, es ist selten. Nicht zu viel
Theater, und nicht zu wenig.

El. Ihr Befehl ist mein Gesetz.

Lycimnia.

Fordere nicht von der weichen Melo-
die einer unkriegerischen Leyer, die sangen
Krie-

Kriege des wilden Numanz, den furcht-
baren Hannibal, und das vom
poenischen Blute gefärbte sicilische Meer.
Nicht die wüthenden Lapithen und den be-
rauschten Hyläus, und die durch die Hand
des Herkules gebändigten Söhne der
Tellus, unter deren Tumult die glänzende Burg des uralten Saturns erbebte.

Du wirst stärker als ich, in unge-
bundnen Tönen, Schlachten des Cäsars
erzählen, und die noch in Ketten des
Triumphs trozig erhobene Häupter bräuen-
der Könige schildern.

Mir gebeut die Muse, die süße Stim-
me der edlen Lycimnia zu singen, ihr hell
blizendes Auge, und ihr treues Herz
von gegenseitigen Flammen entbrannt.

Mit

Mit Anstand hebt sie den Fuß in tan-
zenden Chören; reizend ist ihr scherzender
Zwist, und schön ist sie, am Feste der
Diane tanzend, Arm in Arm geschlungen,
mit glänzenden Jungfraun.

Wolltest du wohl mit dem Golde des
Persers Achämenes, und den Mygdoni-
schen Schätzen des Phrygiers, oder den
vollen Scheuren Arabiens, die Locken der
schönen Lycimnia vertauschen? Wenn sie
den willigen Nacken zurück nach brennen-
den Küssen biegt, und mit nachgebender
Grausamkeit einen Kuß dir versagt; den
sie feuriger als du gern sich entrissen sähe,
und bisweilen von deinen Lippen zu rau-
ben brennt.

Gel. Die Uebersetzung hat Kraft — sie
überzeugt mich, daß Sie Fleiß haben.

Ich

Ich lobe den Muth, mit dem Sie in
den Geist der Griechen und Römer
eindringen. Indeß, man kann Gold
in der Mine sammlen, es durch Feuer
herausdrängen, und wägen. Aber der
glänzenden Masse eine eigenthümliche
Bildung geben, das ist die Frucht eines reifern Künstlers.

Cleon. Ich fühle die Wahrheit und den
Nachdruck Ihrer Warnung; aber,
scharfdenkender Mann — ohne Zurück-
haltung, Ihr Urtheil über meine Oden.

Gellert. Zwölfe sind in der Sammlung,
die das nonum prematur in annum
unsers Horaz abwarten sollen. legen
Sie die Feile nie aus der Hand, prüfen Sie die Stellen genau, wo die
Einbildungskraft einen zu kühnen
Schwung nimmt. lesen Sie Pindar,
Horaz, Catull, und Anakreon; ana-
lysiren Sie Ihren Plan, messen Sie
die Leidenschaft nach eigner Erfahrung,
und der Norm des Homers ab; so werden Ihre erstern lyrischen Versuche einen Anspruch auf die Nachsicht und
Aufmerksamkeit der Kenner haben.
Man muß seine Schwingen prüfen,

M   ehe

ehe man den Flug nach der höhern Sphäre der Dichtkunst nimmt.

Cl. Ich verehre das Urtheil des weisesten Aristarchs meiner Nation, und werde nie den kleinsten Hügel des Helikons zu erklimmen wagen, bis es mir Gellert erlaubt.

Gel. Rühmlich, Cleon, für Sie und Ihr Alter. — Wer bey drängender dichtrischer Leidenschaft Kritik fordert, und Warnung annimmt, der kann zwar auf der schlüpfrichen Bahn des Autors und des Ruhms straucheln, aber kaum fallen.

Ismael.

Ein ländliches Duodram.

Edler Detlev, ich bin kein kleiner Mo­rik, jage nicht nach empfindsamen Gegen­ständen. — Man hat Stoff zu Thrä­nen genug, ohne sie durch Enthusiasmus und Kunst zu erpressen. Indeß durch­bricht oft die Natur den Damm des kal­

ten

ten Blutes, man wird überrascht, fühlt
und weint.

Die ganze Philosophie wird den
gewaltsamen Tropfen nicht zurückhalten, der der erschütterten Nerve ent-
wischt, und was noch stärker ist,
es giebt Sitten, Handlungen, Gegenstände, wo das lächerliche mit dem
Rührenden in einen so unerwarteten Contrast schnell zusammen gedrängt wird, daß
beide Empfindungen zugleich würben, und
die sanfteste Thräne dem Auge entquillt,
indeß die Muskeln des Gesichts dem
Triebe zum Lachen gehorchen. Wer
weint nicht, wenn Lord Murray mit dem
Degen in der Hand auf seinen feurigen
Gegner losgeht, und wer lacht nicht,
wenn Friport mit seiner englischen
Kaltblütigkeit sagt: was wollt Ihr?
laßt sie machen; man muß ehrliche Leu-
te nicht geniren sich zu schlagen.

So einen Auftritt hatte ich eben heute. Es war Sonnabend — die Sonne
fieng an sich zu neigen, und glänzte mit

M 2

minder Feuer, aber mildrer Wärme, auf
die vom Abendthau beträufelte Laube; als
ich von meinem kleinen Landhause in das
Haus meines Nachbars gieng. — Hier
fand ich ein seltsames und rührendes
Schauspiel.

Ein Jude, von braunen lebhaften
Wangen, auf dessen offne Brust ein
schwarzer lockigter Bart nachläßig herab-
floß — ein Kopf, den Denner unmittelbar auf die Staffeley genommen hätte —
heftete sein schwarzes feuriges Auge auf
einen kleinen Juden, der mit scheinbarer
Aufmerksamkeit seinen schielenden Blick
auf ein hebräisches Buch senkte, daraus
ihm der Alte mit morgenländischer Lebhaftigkeit, und geflügelter Pantomime,
einige Stellen der Thora, und die noth-
wendigen Pflichten des Lebens erklärte.

Der Knabe hatte etwas Wildes und
Unruhiges in seinen Augen, und die
Seele schien abwesend zu seyn, ob er
gleich seinen Beyfall nickte, und die
Worte der Gebote nachmurmelte.

Der

Der Alte, ohne durch meine Gegen=
wart gestört zu werden, nahm ihn, da er
das bemerkte, bey der Hand; legte die an=
dere Hand auf das feierliche Buch, und
sprach mit einer edlen Heftigkeit — Hier
sind seine eignen Ausdrücke —

Ismael, du bist ein unglückliches
Kind, ohne Gott und Gebet. — Durch
Holland und die Niederlande bist du ge=
laufen, dein Vater, Ismael, dieß weißt
du noch nicht, ist von seiner Sara —
unglücklicher Knabe, nach dem Gesetz ge=
schieden. Verhüllt im Schleyer weint
sie einsam in einer schattigten Laube,
blickt unter schroffen Felsen hülflos zum
Himmel. Ihr einziger Trost warst du,
aber du willst es nicht seyn. —

Ismael — Ich schäme mich, vor mir
selben

Der Alte — Noch bist du nicht verloren,
Ismael. In den Wäldern um Lissa, siehst
du, wie Gott dich gerettet, fand ich dich,
lieber Bettler, beym Aufgang der Sonne.

Ismael — Du wecktest mich, Alter, da
ich mein Elend träumte.

Der

Der Alte — Ich küßte deine Stirn, und
hob dich auf, und gab dir Brod, Gott
wollte es so haben.

Aber du willst weder Jude, noch Christ
seyn. — Wähle was du willst. Die
Thora, den Meßias; eins mußt du wählen, denn so wahr der Herr lebt, ich muß
dich verstoßen, wenn du nicht eins
wählst.

Ismael — Ein Jude will ich seyn,
und ein Jude bleiben.

Der Alte — Nun so lies, was geschrieben steht in der göttlichen Thora, und
öffne dein hartes Herz dem großen Gewaltigen.

Ismael — Ich will lesen, was da
geschrieben steht in dem heiligen Buche
des großen Gewaltigen.

Der Alte — Ismael, du hast immer noch
ein starr Auge, ein hart Herz; wenn du
betest zu Gott, so wird ers erweichen. Er
zermalmet ja die Felsen.

Ismael — Ich will ihn fürchten, Vater.

Der Alte — Doch nicht als Knecht —
Ismael.

Siehe

Siehe, wie das Abendroth so freundlich meinen silbernen Kopf vergüldet, und
seine milden Strahlen auch dich anla-
then. Du mußt ihn lieben, Ismael. Du
mußt ihn lieben, anbeten, und arbeiten.

Ismael — Ich will ihn fürchten, lieben, ihn anbeten, und arbeiten.

Der Alte — Ismael; hier drückt er dem
Kleinen die Hände — wir sind aus Erde
geschaffen, die Erde zu bilden. Arbeit
ist köstlicher als Oel und Salben. Wär
er am Golde reicher, wie der Mogul, von
Perlen glänzend wie der Ostindier, nicht
Gold, nicht Perlen, Fleiß stärkt den
Menschen. Müßiggang, Wollust, Starr-
sinn, List, Verleumdung, Ismael, tödtet unsere stumpfen Sinne. Reichthum
ist Bürde; Wohlthun, Gefälligkeit und
Menschenliebe erwärmt das kalte Herz
des wilden Jünglings.

Ismael — Doch du hast Reichthum,
wirf ihn weg, wenn er Gefahr bringt. —
Da liegt ein Haufen Goldes aller Völker, begeistert von dem Bilde der Monarchen — wirf ihn ins Meer.

Der Alte — Die glänzende Zechine und
Ludewigs, sind rein so wie das Gold —
auch

auch keiner ward durch schlaue List erschlichen. Wenn dir ein goldner Strom den Reichthum zuführt — du kannst ihn, Ismael, du sollst ihn sammeln. Nie dringst du ungefähr zur reichen Quelle. Brauch ihn, und gieb ihn den Armen.

Nur täusche nie den Christen und den Juden. — Beide sind Menschen vor dem Thron der Allmacht.

So sprach der Alte, küßte warm die Wange des kleinen Jsmaels, und streichelte die Locken des weichgerührten Knabens, sein mildes Aug' und seine sanfte Stirn.

Odeum.

von

Christian August Clodius.

Drittes Stück des ersten Theils.

Mit Churfürstl. Sächsischer Freiheit.

Leipzig, im Monat Julius 1784.
beym Verfasser, und in Kommission, in der Churfürstl. Zeitungs-Expedition.

Ideen

über die wahre Polymathie,

den Einfluß derselben in die Wissenschaften, und besonders die Rechtsgelehrsamkeit; genaue Verbindung der Geschichte und der Rechte, unter sich selber.

Ideen

über die wahre Polymathie,
den Einfluß derselben in die Wissenschaften, und besonders die Rechtsgelehrsamkeit; genaue Verbindung
der Geschichte und der Rechte,
unter sich selber.

So verhaßt durch den stolzen Miß-
brauch dieser Benennung bisweilen der Name Polymathie geworden ist,
so gewiß ist es dennoch, daß alle Wissen-
schaften überhaupt (ich rede hier nur von

den-

denjenigen, die man als Vorbereitungen
der höhern empfiehlt) in einem nothwendi-
gen Zusammenhange stehn, und daß der-
jenige, welcher den Namen eines Gelehrten mit Recht führen will, eine von
aller Prahlerey abgesonderte Kenntniß
mehrerer nützlichen Wissenschaften haben
muß, die in einem bald nähern, bald
entferntern Verhältnisse sind. Dies ist
der wahre Sinn der so oft wiederholten
Stelle des Cicero in der Rede für den Ar-
chias, und dies ist der Begriff, den die
Alten mit dem Namen Polymathie ver-
banden. Sie verstanden darunter, nicht
eine ruhmredige Compilation unnützer
Gedanken, nicht das mannigfaltige Spiel
des seichten Witzes, der über die Oberfläche aller Dinge hinrauscht, und sich
schmei-

schmeichelt, alles erschöpft zu haben, wovon er die Namen kennt, nicht eine bloße kraftlose Kenntniß verschiedener Sprachen, ohne in einer denken zu können; sondern eine gründliche Kenntniß der Litteratur, Alterthümer, Geschichte, Fabel, Beredsamkeit, Moralphilosophie, Astronomie, und derjenigen Wissenschaften, die zur Auslegung der Dichter und anderer Schriftsteller nöthig waren. Da das Wesen der Gegenstände, mit denen sich der Geist beschäftigt, ewig und unveränderlich ist, obgleich der Witz der Menschen in der Bearbeitung derselben immer neue Wendungen nimmt, so folgt, daß diese wahre Polymathie noch jetzt bey jedem Gelehrten von dieser Gattung erforderlich, und daß das Band der Wissen-

schaf-

schaften noch eben so unzertrennlich ist,
wie vormals. Wer kann auch jetzt die
Philosophie von dem Begriffe eines Gelehrten absondern? Ich rede hier nicht
von dem natürlichen Rechte, von welchem
ich weiter unten bestimmter, in Rücksicht
auf die Rechtsgelehrsamkeit, sprechen
werde; ich rede von denen Theilen der
Philosophie, die sich mit den ersten
Gründen menschlicher Erkenntniß, mit
der Betrachtung des Menschen überhaupt,
mit der Natur der Leidenschaften beschäftigt. Ich weiß wohl, daß der gesunde
Mutterwitz das vortreffliche Geschenk der
Natur ist; aber wer schränkt ihn ein,
wenn er ausschweift? wer führt ihn zurück, wenn er irrt, als die künstliche Lo-
gik? Eben so mit der Mathematik, und

der

der Naturlehre. Die erstere schärft, wie
Kästner, vortrefflich zeigt, den Geist des
Nachdenkens überhaupt, sie gewöhnt ihn
zur Betrachtung und Absonderung allge-
meiner Begriffe und Grundsätze. Und
wie unmittelbar fließt diese Kenntniß in
Geschäfte der Welt ein? Wer kann den
arithmetischen Theil in einer oder der andern Lage entbehren? Ein Gelehrter seyn,
ohne ein Wort von dem gestirnten Himmel zu wissen, in der Natur herumwan-
deln, ohne die geringste Kenntniß von den
drey Reichen derselben zu besitzen, sich mit
lauter dunkeln Begriffen behelfen, und
selbst die Maschine des Körpers zu ver-
kennen, durch die dieser unsterbliche Geist
wirksam wird; das scheint mir ein wahrer Widerspruch zu seyn. Wenn die

N 5 Aus-

Auslegung der Alten von dem Charakter
eines wahren Gelehrten nicht getrennet
werden kann, und die Lesung der Ge-
schichtschreiber, Redner, Philosophen
und Dichter das vortrefflichste Mittel ist,
die Denkungsart der verschiedenen Nationen zu prüfen, ihre Geschichte, die
Politik, Beredsamkeit und den philosophischen Geist der erleuchtesten Männer
zu entwickeln, und unsre Einsicht in die
Natur der Sprache und Alterthümer zu
vermehren; wenn man apodictisch beweisen kann, daß die Kenntniß oder Ver-
nachläßigung derselben mit der Verbindung der Wissenschaften im eigentlichen
Verstande unzertrennlich ist: wer wird
leugnen, daß diese Auslegungskunst nothwendig mit dem Begriffe eines Gelehrten

zusammenhängt? Und in welchem sicht-
baren Verhältnisse steht dieselbe mit den
Künsten der Alten, und mit der archäo-
logischen Wissenschaft, von der ich oben
gesagt habe; besonders zu einer Zeit, da
die Liebe der Künste und des Geschmackes
den ächten Kenner der Litteratur von dem
bloßen Wortforscher unterscheidet? Doch
ich verliere mich in ein zu weites Feld, das
eine eigne Abhandlung verdiente. Dieß
sey genug von dem Begriffe der wahren
Polymathie in den Wissenschaften, die
von den höheren unzertrennlich sind.

Eben so ein vertrautes und unzer-
trennliches Band kettet die innern Theile
der Rechtsgelehrsamkeit unvermerkt zusammen. Man kann in einem Theile
vortrefflich seyn und hervorstechen: aber

man

man kann dieses nicht, ohne das ganze
Feld zu übersehen, ohne auf die Den:
kungsart, ohne auf die Dunkelheit der einen durch die Kenntniß der andern Licht
zu verbreiten. Das natürliche Recht ist
im eigentlichsten Verstande die Grundlage der Rechte überhaupt, weil es sich auf
die Analysation und Bestimmung menschlicher Empfindungen und Erfahrungen
gründet. Von dieser Seite betrachten es
alle philosophische Köpfe unter den Alten
und Neuern, die den ganzen Umfang der
Gesetzgebung und der Rechte zu umfassen
wußten; so Plato, Cicero, Montesqui-
eur und Grotius. Ohne eine gründliche
Kenntniß der reinen und ersten Empfindungen, die von dem Wesen des Menschen, und von der Freiheit abhängen,
oh-

ohne eine genaue Bestimmung der allgemeinen gegenseitigen Bedürfnisse, die
Vorträge, Gesetze und Herkommen veranlasset haben, ist das Studium der Gesetze eine blos historische Nachricht von
den Einfällen und der Willkühr verschiedener Völker; eine Betrachtung des
menschlichen Eigensinnes, von der man
keinen Grund angeben kann, als die Zu-
fälle. oder despotischen Verordnungen der
Mächtigern. Durch das natürliche Recht
prüfen wir den Werth der bürgerlichen
Gesetze, und werden in den Stand gesetzt
von dem Geiste derselben Rechenschaft zu
geben, das heißt, es schärft unsre Fähigkeit, den Sinn und die wahre Absicht der
Gesetzgeber zu bestimmen. Wie viel
wiedersprechende Auslegungen werden da-

durch

durch verhindert, wenn wir uns in die
Verfassung und Verhältnisse derer zurück-
sehen, die zuerst über Recht und Unrecht
philosophirten, und aus deren einzelnen
Beobachtungen jene unendliche Reihe von
Verordnungen erzeugt wurden, die nach
und nach in das System des Rechtes ein-
geschlichen ist. Niemals würden ohne
diesen philosophischen Geist Plato ein
Ideal der Republik, und Tullius ein
Werk von den Gesetzen entworfen haben.
Niemals würde ohne ihn das vortreffliche
Buch von den Pflichten, welches die stol-
ze Pedantrie so gern für ein bloßes Schul-
buch erklärte, ein Nationalbuch für die
Römer, und die Quelle des Grotius und
Puffendorf geworden seyn. Ich räume
sehr gern ein, daß bisweilen die Specu-

la-

lationen des natürlichen Rechts zu weit getrieben werden, daß man oft das für ein
ursprüngliches Gesetz der Natur hält, was
zuerst durch die Willkühr der Menschen in
das System, und aus diesem in das natürliche Recht zurückgesetzt worden; ich ge-
stehe, daß man sich oft in diesem Reiche
der Wahrscheinlichkeit und Möglichkeit zu
sehr verliert, und diejenige Zeit auf
Muthmaßungen und angenommene Fälle
verwendet, die man der Auslegung und
dem System widmen sollte. Allein der
Mißbrauch hebt den Werth des Gebrau-
ches nicht auf, und die Natur bleibt,
troß aller Verblendung, Natur. Wer
nicht blos der Einbildungskraft folgt, wer
sich sein System des natürlichen Rechtes
durch die einzelnen Fälle der wahren Ge-
schich-

schichte bildet, der wird ungleich schnellere
Schritte in der Rechtsgelehrsamkeit über-
machen; ein Vortheil, der desto sichtba-
rer ist, weil das natürliche Recht nicht in
den engen Gränzen eines Staates einge-
schlossen bleibt, sondern alle Nationen ver-
bindet.

Die Geschichte der Rechte ist un-
streitig ein wichtiger Theil des ganzen
Systems, weil wir dadurch gleichsam auf
einen Blick die jedem Staate eignen Rechte, die verschiedenen Verhältnisse derselben,
und vorzüglich den Inhalt und die Schicksale der Gesetze übersehen, die Ueberle-
gung und Gewohnheit zur Grundlage der
neuen Rechte bestimmt hat. Obgleich
eine chronologische Geschichte aller und jeden einzelnen Rechte noch bis jetzt ein

from-

frommer Wunsch geblieben, so ist diese
Wissenschaft, auch so, wie sie aus den
Händen der Petite, Gothofrede und Ba-
che gekommen, unterrichtend und nußbar,
und niemand als der kann sie verachten
oder entbehren, der sich mit einer seichten
Kenntniß beruhigt, und ein Gebäude ohne Grund errichten will. Sie giebt uns
eine genaue Nachricht von dem Ursprunge,
der abwechselnden Form der verschiedenen
Republiken oder Monarchien, und denen
nach denselben sich abändernden Gesetzen;
von oft kleinen und unbemerkten, oft wichtigen Veranlassungen zu der Bildung
oder Vermehrung, Erweiterung oder Ab-
schaffung verschiedener Gesetze. Sie un-
terrichtet uns, wie oft der Stolz, die
Nachlässigkeit, die Wahrheitsliebe, der

O   Lu-

luxus, die Kriege, die Ruhe, Gelegen-
heit zu neuen Veränderungen gegeben.
Sie macht uns mit den Nahmen, Cha-
raktern und Schickſalen der Männer bekannt, deren Anſehen dergleichen Abände-
rung und Verbeſſerung bewirket. Sie
lehrt uns den bald ſinkenden bald ſteigen-
den Werth ganzer Geſetzbücher; durch ſie
lernen wir den wahren Sinn derſelben
durch eine vernünftige und nach den Re-
geln der Wahrheit eingerichtete Auslegung finden. Sie macht uns mit den
beſten Auslegern und Commentaren jeder
Gattung bekannt, und erſpart uns dadurch eine Menge von Irrthümern, die
ſich ohne dieſe Führerinn in unſer Syſtem
einſchleichen. Doch da dieſes niemand
leugnet, ſo will ich auf Gattungen über-
ge-

gehen, deren Verbindung unter einander
weniger auffallend und sichtbar ist.

Wer einen blos flüchtigen Blick auf
das kanonische Recht, besonders auf die
Bücher von den Schenkungen wirft, und
die Flüche und Verwünschungen erwägt,
mit denen die Lehrer des kanonischen, das
römische belegt haben, der wird es vielleicht für einen Widerspruch halten, wenn
ich behaupte, daß das römische Recht zur
Erklärung des kanonischen nothwendig
sey; und gleichwohl ist bey einer genauern
Aufmerksamkeit nichts gewisser, als diese
so seltsam scheinende Meinung. Die
Gründe sind sehr auffallend. Weil er-
stens in dem kanonischen Rechte viele
Gutachten der römischen Rechtsgelehrten
vorkommen, die wir natürlich nicht an-

O 2 ders

ders, als aus den Alterthümern und dem
System derselben richtig erklären können.
Zweitens, weil verschiedene Verordnungen der römischen Kaiser in dem kanonischen Rechte gefunden werden, deren Er-
läuterung von einer genauern Kenntniß
des römischen abhängt. Drittens weil
sich die Ausleger des kanonischen Rechtes
bemühet haben, daßelbe nach dem römischen zu erklären, und weil verschiedene
Irrthümer des erstern aus dem letztern
verbessert werden müssen. Drey Gründe, die, wie ich glaube, hinreichend sind,
die gegenwärtigen Verhältnisse dieser beiden Rechte zu bestimmen, und welche ich
sehr leicht durch Beyspiele unterstützen
könnte, wenn ich fürchtete, daß sie jemand
vermissen würde.

Eben

Eben so sichtbar ist die Verwandt-
schaft des römischen Rechts mit dem deutschen. Eine Beobachtung, die nieman-
den entgehen kann, der die Geschichte der
mittlern Zeiten einiger Aufmerksamkeit
würdiget. Es ist wahr, das deutsche
Recht beschäftiget sich vorzüglich mit den
Gesetzen und rechtlichen Gewohnheiten,
die ihren Ursprung in Deutschland gefun=
den haben, und man sollte, dieses vorausgesetzt, kaum glauben, daß man bey
der Bearbeitung desselben sehr oft genöthigt werde, aus fremden Quellen zu
schöpfen. Indeß ist doch nichts gewisser
als eben dieses. Die Unwissenheit des
natürlichen Rechtes, das so, wie die Philosophie überhaupt, noch in seiner Fin-
sterniß lag, der Mangel einer vollständi-

O 3   gen

gen Kenntniß der ursprünglich vaterlän-
dischen Gesetze, nöthigte die Deutschen
sich an das römische Recht zu wenden. Je
mehr das römische Recht, und die zu
Richtern erwählten Civilisten in Italien
Ansehen gewannen, je mehr die Verbindung desselben mit dem kanonischen wuchs,
und je mehr die Verhältnisse der Politik
und Religion beide Völker vereinigten,
destomehr Gewalt bekam es in Deutschland, und destomehr Einfluß hatte dassel-
be auf unsre Sitten und Gesetze. Dies
ist so wahr, daß wir noch jetzt in unserm
Rechte viel ursprünglich römische Gesetze
und Meinungen haben, die nur in soweit
für deutsche erklärt werden können, als
sie durch deutsche Grundsätze vermehr,
oder verändert worden sind. Was ist,

die-

dieses vorausgesetzt, natürlicher, als daß
niemand ohne eine gründliche Kenntniß
des römischen Rechtes, das was in dem
deutschen ursprünglich und ganz römisch
ist, entwickeln und erläutern, die mit den
Begriffen und Meinungen übergetrage-
nen häufigen Kunstwörter richtig, und
nach der Analogie des römischen Rechtes
erklären, die subtilen Grenzen, wo beide
Rechte sich untereinander vermischen, und
die Art, wie sie auf Deutschland angewendet werden müssen, bestimmen könne.
Wem dieses alles noch nicht einleuchtend
genug ist, der denke hinzu, daß durch die
in Deutschland verbreitete Litteratur der
Gebrauch des römischen Rechtes allgemei-
ner geworden, daß man die Kenntniß
desselben niemals von dem Begriffe einer

O 4 sy-

ſyſtematiſchen Rechtsgelehrſamkeit abſon-
dert, und daß ein Sachwalter und Richter, wenn er auch ganz von der Prahlerey
entfernt iſt, alltägliche Gedanken und
Vorfälle auf altrömiſch aufzuſtutzen, da
wo ihn die einheimiſchen Geſetze verlaſſen,
genöthigt iſt, ſeine Zuflucht zu dem römiſchen zu nehmen. Noch ein Grund, der,
wie ich glaube, deſtomehr bemerkt zu
werden verdient, je weniger er in die Augen fällt. Unſtreitig ſind die gerichtlichen
Reden der Alten, Muſter des vortrefflichſten
Vortrages, und der Kunſt, die Beweiſe
jeder Rechte zu ordnen. Die Antike alſo zu ſtudiren, wäre, dächte ich, die
Pflicht des Deutſchen, wie jedes andern.
Aber wie kann er ſie leſen und nutzen, ohne ſie zu verſtehen, und wie kann er ſie

ver-

verstehn, ohne das römische Recht zu wissen?

Das allgemeine natürliche Staatsrecht scheint von dem besondern Privatrechte so entfernt zu seyn, daß viele gar
nicht an die Wahrscheinlichkeit einer Verbindung dieser beiden Rechte denken, und
gleichwohl ist es kein bloßes Sophisma,
wenn man sie annimmt. Ein Mann,
der auch in Rücksicht auf die Privathän-
del nach Gesetzen richten oder entscheiden
soll, muß von der Einrichtung eines
Staates überhaupt, und denen daraus,
zwischen dem Regenten und dem ganzen
Volke herzuleitenden Rechten und Verbindlichkeiten, einen gesunden Begriff haben. Er muß die Rechte der Majestät

O 5 über

überhaupt, und die allgemeinen Begriffe
der obersten Gewalt kennen, um nie in
die Irrungen derselben zu gerathen, oder
bey vorfallenden Mißverständnissen zwischen Unterthanen und Regenten, die For-
derungen der erstern unvorsichtig zu unterstützen. Es ist unmöglich gleichgültig,
ob ein Sachwalter, Richter, oder Lehrer
des Privatrechtes antimachiavellische
oder machiavellitische Grundsätze annimmt.
Man denke sich einen Lehrer des Rechtes,
der den Auftrag hat einen Großen im
Privatrechte zu unterrichten, und urtheile,
mit wie viel mehr Nachdruck er von der
Würde und der Heiligkeit der Privatrechte sprechen wird, wenn er zugleich das
Talent hat, denselben auf die allgemeinen
Verbindlichkeiten, die Große gegen die
                                        Un-

Unterthanen haben, aufmerksam zu machen. Kömmt noch hierzu, daß das allgemeine Staatsrecht mit dem natürlichen
Rechte (von dem wir oben redeten) und
mit dem besondern deutschen Staatsrechte, von dem ich jetzt handeln will, in genauer Verbindung stehe; so wird man
sehr leicht sehen, daß das, was ich von
dem Einfluß des allgemeinen Staatsrechtes in das Privatrecht gesagt habe, nicht
gesucht ist, ob man gleich sehr selten die
Werke eines Hobbes, Machiavell, Mon-
tesquieux, Loke und Böhmer in der Bü-
chersammlung eines geschwornen Civilisten findet.

Weit leichter ist die Verwandschaft
und die Beziehung eines jeden besondern
Staats-

Staatsrechtes aller Völker auf das Privatrecht derselben zu bemerken; so gewiß unter diesen beiden Rechten in Rücksicht auf die Gegenstände, Materialien, Verhältnisse der Personen, und auf die Quellen und Arten der Behandlung ein wesentlicher Unterschied bleibt, und man sich sorgfältig hüten muß, in der Anwendung eine Unbehutsamkeit zu verrathen. Bach, der so lange leben wird, als die Geschichte der römischen Gesetze und Litteratur lebt, tadelt mit Recht an vielen seiner Vorgänger die Vernachläſſigung des römischen Juris publici bey der Erklärung und Geschichte der Privatgesetze. Es iſt auch nicht genug, sagt er, die Chronologie der Urheber und den ungefähren Inhalt jeder Civilgesetze zu wissen; man muß

die

die wahre Abſicht der Geſetzgeber verſtehen, um den ganzen Werth und Umfang
derſelben beſtimmen zu können; dieſes
hängt vom Jure publico der Römer ab.
Was er ſehr gründlich vom römiſchen ſagt,
kann auf jeden Staat angewandt werden.
Die zu den Privatgeſetzen erſorderliche
Kenntniſſe hängen allein von der jedesma-
ligen Lage der öffentlichen Angelegenhel-
ten, von der Form und Verfaſſung der
Republik, von der Nothwendigkeit und den
Bedürfniſſen des Staats, von dem Cha-
rafter der Perſonen, von der Eiferſucht
verſchiedner Orden, und von den öffentlichen Geſetzen ab, die das Syſtem des
Staats überhaupt beſtimmen. Die römiſchen Geſetze alle, die, um den Kunſt-
griffen der Wucherer zuvor zu kommen,

ge-

gegeben sind, gehörten im eigentlichsten
Verstande zum Privatrechte. Aber un-
streitig wird der wahre Sinn derselben
lichter, wenn uns die Geschichte in den
Stand setzt, uns von den widrigen Umständen, in die der Staat gerathen war,
und von der Nothwendigkeit, die diese
Gesetze veranlaßt, zu unterrichten. Es
würde leicht werden, aus der Geschichte
aller besondern Völker Beyspiele zu sammeln, um zu zeigen, wie nothwendig die
Cultur des Staatsrechtes eines jeden
Volkes zur Erklärung und Aufschließung
des Sinnes seiner Privatgesetze sey, wenn
es der Umfang dieser wenigen Blätter erlaubte. Doch das, was ich von dem allgemeinen und besondern Staatsrechte gesagt habe, führt mich unvermerkt nach der

R

Regel der Einbildungskraft und des Zu-
sammenhanges, auf den Einfluß der
Reichsgeschichte und des deutschen Staatsrechtes, in das deutsche Privatrecht.

Daß das deutsche Staatsrecht mit
der Reichsgeschichte im genauesten Verhältnisse stehe, und daß das eine auf die
andre ein Licht verbreite, wird niemand
leugnen, der nur einen Augenblick über
die Gegenstände und Quellen von beiden
nachgedacht hat. Man mag nun Deutschland als einen Staat überhaupt, oder einen jeden Staat insbesondere betrachten,
so setzen alle Rechte und Verbindlichkeiten
der Theile unter sich, und des Ganzen eine Kenntniß der Personen, die Haupt-
glieder dieses großen Körpers sind, der
Grundgesetze und Herkommen, der allge-

mei-

meinen oder besondern Verordnungen,
der Friedensschlüsse oder Tractaten, durch
welche sie in die Form des Imperii gekommen, voraus; und dieser ganze Theil
ist historisch. Durch die Geschichte der
wichtigen Revolutionen lernt man allein,
wenn, wie, und unter welchen Umständen
hier die Politik, unter der Mine der Religion, das System erschüttert; dort die
Gewalt der Waffen, die List, oder die Ver-
wegenheit einen der Stände zu dem Ueber-
gewichte, welches er jetzt behauptet, erho-
ben, einen andern sinken lassen. Kurz,
wie dieses ganze Gewebe von Reichsgrund-
gesetzen, Reichsabschieden, symbolischen
und oft sehr bedeutenden Ceremonien und
Feyerlichkeiten von Conrad des zweiten Zeit
bis auf uns sich gebildet hat, und wie noch

jetzt

jetzt Gewalt oder List, hier oder da, einen Eingriff in die Fundamentalgesetze macht.

Nur noch einige Anmerkungen über den Einfluß dieses Rechtes und der Geschichte in das deutsche Privatrecht. Ich will hier nicht alle die Beobachtungen wiederholen, die ich bey dem allgemeinen Staatsrechte angenommen habe, und die auf das deutsche, als auf eine besondere Gattung angewendet werden können. Ich will nicht weitläuftig auseinander setzen, was vielleicht verdiente in Betrachtung zu kommen, daß die Privatgesetze ihre Modification von der Form eines jeden Reichs erhalten; daß sie im despotischen Staate weniger gemildert werden können, weil darinnen Härte und Sclaverey statt findet. Welche Privat-

P   sa-

sache kann so sehr von der Reihe aller öffentlichen Dinge abgesondert werden, daß sie
nicht von der einen oder andern Seite mit
den Verordnungen des Reichs grenzte?
Wer kann in Privatstreitigkeiten des niedern oder höhern Adels einen Schritt
wagen, ohne einen Begriff von den Vor-
rechten des deutschen Adels zu haben?
Und wer kann diesen ohne Reichsgeschichte und ohne das deutsche Staatsrecht sich
bilden? Wer darf es wagen in zweydeutigen Cameralfällen, und Jurisdictions-
streitigkeiten, besonders an den Orten zu
entscheiden, wo sie durch die Ungewißheit
der Grenzen veranlasset werden? Das
Privatrecht eröffnet denen, die es zu einem Grade der Vollkommenheit gebracht
haben, den Weg zu höhern und wichtigen

Aem-

Aemtern, und führet sie in solche Stellen,
wo sie durch ihre Einsicht verwickelte
Rechtshändel entscheiden sollen Wer
weiß nicht, wie oft man von solchen
Männern rechtliche Bedenken erwartet,
die die wichtigsten Staatsstreitigkeiten
betreffen? Wem ist es unbekannt, daß
die Großen und Fürsten sehr oft in dunkeln und zweifelhaften Fällen sich dem
Gutachten derselben überlassen? Wie un-
entbehrlich ist in solchen Fällen die Kenntniß des Staates und des Reiches? Wie
oft haben wir gesehen, daß man gute und
brauchbare Civilisten wegen ihrer Erfahrung und ihres pragmatischen Geistes auf
einmal zu Staatsgeschäften, Verträgen,
Gesandschaften und andern wichtigen An-
gelegenheiten bestimmt hat? Wer wird

P 2   so

so sehr ein Feind seines eignen Glückes
seyn, das er sich diesen Weg durch Ver-
nachlässigung der höhern Rechte verschlief-
fen sollte? Beweiß genug, daß auch der,
der sich als Civilist zeigen, und dem Va-
terlande ernstlich dienen will, besonders in
Reichsstädten und solchen Orten, deren
Privatrecht unmittelbar von der Verfaf-
sung des Reiches abhängt, nöthig hat,
von Deutschland und dessen Verfassung
überaupt, von den Reichsständen, Geschäften der Reichstäge, Landesfreiheiten,
Ritterschaften, unmittelbaren Reichsglie-
dern, Verordnungen, Gesetzen und Herkommen eine genaue Kenntniß zu haben,
und aus der Schule der Civilisten, in die
Schule des Mascops, Mosers und
Schmauß zu gehn.   Und schiene auch
die-

dieser Nutzen noch zu entfernt, so frage ich den, der ihn leugnet, hier noch einmal, ob er glaube, daß ein Rechtsgelehrter, von welcher Gattung er sey, die Kenntniß der Einrichtung und Regierung des Staates, in dem er angestellt ist, ohne Schaden vernachläßigen könne? ob es überflüßig sey, sein eigen Verhältniß als Unterthan mit seinem Landesherrn, die Verfassung der Landescollegien, die besondre Observanz der verschiedenen Provinzen, kurz den ganzen innerlichen Zustand seines Vaterlandes zu wissen? Und wie kann er diesen gründlich kennen, ohne sehr oft die äußerlichen Verhältnisse desselben mit dem Reiche zu berühren. Wie kann er die Geschichte des kleinen Bezirkes, seiner

Republik, oder seines Staates wissen,
ohne die Reichsgeschichte zu kennen?

Ich will, um meine Meinung genau zu bestimmen, einen Theil der Privatrechte herausheben, der einen sehr unmittelbaren Einfluß in die Geschäfte der
Welt hat, und den man, ohne aus den
Quellen der Staatsrechte von Deutschland und der Geschichte des Reiches zu
schöpfen, nie zur Vollkommenheit bringen
wird. Das ist die Kenntniß des Handels und der mit ihr verbundenen
Rechte.

Wie weit ist blos das Feld der ersten
historischen Kenntniß des Handels? Wollen wir uns von dem Umfange und der
Würde desselben gehörig unterrichten, so
müssen wir bis in die entferntesten Zeiten

und

und den Ursprung desselben zurückgehen.
Hier wird uns die Geschichte lehren, daß
die Deutschen den Tausch des Ueberflüssi-
gen gegen das Nothwendige, und das ist
eigentlich das Wesentliche der Handlung,
bis zum Enthusiasmus getrieben; daß der
Aberglaube der ältesten Zeiten ihn unmittelbar von den Göttern herleitete; daß
Deutsche ihre Freiheit verkauften, wenn
ihnen nichts mehr übrig war; daß Könige deutscher und sclavischer Völker, daß
der älteste Adel sich der Handlung nicht
schämten. Sie wird uns durch Beyspiele aus der mittlern Geschichte zeigen, daß
die größten Monarchen mit der vorzüg-
lichsten Sorgfalt über die Sicherheit und
Ausbreitung des Handels gewacht; daß
Carl der Große zum Besten der Hand-

P 4   lung

lung zwey der mächtigsten Ströme von
Deutschland, den Rhein und die Donau,
zu verbinden wünschte; ein Unternehmen,
das seines großen Geistes würdig war;
daß er und seine glorreichen Nachfolger
durch Gesetze, Handlungstraktaten, Frei-
heiten, Friedensschlüsse, den Umfang derselben erweiterten; daß Carl der Sechste,
um einen zu nennen, durch Errichtung einer orientalischen Handlungscompagnie
und durch Ausbesserung des Hafens zu
Ostende, einen großen Nutzen stiftete. Sie
wird uns die Verhältnisse der deutschen
Handlung mit der ausländischen, die
Cultur der Schiffarth, die durch den
Handel aus fremden Gegenden in die un-
srigen versetzten Producte entdecken. Sie
wird uns beweisen, daß der Handel zu der

Ver-

Verdrängung der europäischen Barbarey
in den vorigen, und zur Verbreitung der
Wissenschaften in den spätern Zeiten, und
zu der Verfeinerung der Sitten überhaupt
beygetragen. Sie wird uns von der andern Seite unterrichten, wie unzertrennlich er mit der Gelehrsamkeit, und besonders mit dem mathematischen Theile, mit
der Chymie und der Naturlehre überhaupt
war. Vortheile genug, die uns einladen
können, aus der Geschichte des Reiches
und der Staaten Nahrung und Kenntniß
zu sammeln, und die uns vorbereiten müf-
sen, wenn wir zum Nußen des größern
oder kleinern Staates, von dem wir Bürger sind, die Vorrechte und Gesetze der
Handlung bearbeiten wollen. Wir wer-
ben, ohne von dem Vergnügen dieses

P 5 Studii

Studii etwas zu erwähnen, den Sinn
der Gesetze, und die schicklichste Anwendung derselben auf diese Art am besten er-
kennen.

Es ist meine Absicht nicht, hier in
das Kleine des Handlungsrechtes zu gehen, und durch die Anführung aller mög-
lichen Beyspiele zu zeigen, daß daßelbe,
so gewiß es zu dem Privatrechte gehört,
in tausend Fällen mit dem deutschen
Staatsrechte zusammen hängt; doch über-
lasse ich es dem unpartheyischen Richter,
zu urtheilen, ob man in das Große der
Handlung eindringen, und in wichtigen
Geschäften einen glücklichen Schritt wagen kann, ohne sich auf die Vorrechte zu
beziehn, die der auch unter andern zum
Vortheile der Handlung entworfene han-

sea-

ståatische Bund, der weſtphäliſche Friede,
die bey jeder Staatsveränderung erneuer-
ten, eingeſchränkten oder erweiterten
Wahlcapitulationen, die unter beſondern
Umſtänden auf ewige oder beſtimmte Zeit
durch einen Machtſpruch ertheilten Privi-
legien, veranlaſſet haben. — Es ſcheint
übertrieben zu ſeyn; aber bald getraute ich
mir zu ſagen, daß der geringſte Fall des
cambialiſchen Rechtes, die Ausfuhr und
Einfuhr einheimiſcher und fremder Waa-
ren, die Sperrung oder Eröffnung gewiſ-
ſer Theile der Handlung, die Aufnahme
oder der Untergang der jedem Lande eignen Manufacturen, kurz alles, was die
Rechte des Privatmannes ſchmälern oder
erweitern kann, mit dem Staate und
deſſen öffentlichen Geſetzen in einem un-

zer-

zertrennlichen Zusammenhange steht, und
also die Bemühungen eines Privatmannes, sich selbst oder seinem besondern
Staate von der Seite der Handlung
Vortheile zu schaffen, ohne Kenntniß des
deutschen Staatsrechtes fruchtlos sind.

Diese Abhandlung, die ein junger
Rechtsgelehrter aus Danzig, Herr Mar-
tens, unter meiner freundschaftlichen kritischen Aufsicht schrieb, da ich ihm die gerichtlichen Reden der klassischen Schriftsteller, und die Briefe und philosophischen Werke des Cicero erklärte, ist von
Männern gebilligt worden, die urtheilen
können. Ich trage kein Bedenken, sie
in ein Werk einzufügen, das die Absicht
hat, nützlich zu seyn, und erinnere mich

mit

mit Ehrfurcht einer Republik, die mir so
viele würdige Söhne vertraute.

Theaterreden.

Abschiedsrede,

in Leipzig vor der Abreise nach Dresden,
gehalten von Madame Koch den 8. Junii
1764.

Genährt durch Römer Geist und
griechischen Geschmack
Hob das Theater sich vom Staub, in dem
es lag;
Ganz Frankreich fühlte schon die Majestät
der Bühne,

Er-

Erstaunte beym Corneille, und weinte
beym Racine:

Gleich einem Gott Homers, wandt Ludwig
sein Gesicht

Von blutgen Scenen ab, und weint in
ein Gedicht.

Eroberer und Held flog er zurück vom
Heere,

Und lächelte beym Witz des weisen Moliere.

Da nahm die Comödie des Satyrs feinsten Scherz

Und lehrte den Verstand, und bildete das
Herz.

Manch frommer Bösewicht in der Abbe-
perücke

Bebt für Gewissensangst bey der Tartüf-
fen Tücke:

Geiß-

Geizhälse machten nun aus Ehen nicht
mehr Kauf,

Der Misantrop empfand, und heiterte
sich auf,

Der falsche Witz war stumm, selbst der
Marquis war blöde,

Und in Paris, wie hier, war auch nicht
eine Spröde:

Der Gressets, Regnards, Detouchen
sanftes Spiel

Gefällt noch dem Parterr, wie es Paris
gefiel.

Wie stolz ist Frankreich nicht auf mächti-
ge Voltaire!

Aus fremden Augen fließt die morgen-
ländsche Zähre,

Wenn Orosmann aus Wuth sein großes
Herz vergißt,

Jetzt

Jetzt seiner Christin Tod, und jetzt ihr
Rächer ist.

Wenn Frankreichs Oedipus den Attischen
erreichet

Bald ihm mit Anstand folgt, und bald
mit Muth entweichet.

Unregelmäßig groß, und ein Original,

Das nie von fremden Witz erborgten
Ruhm erstahl,

Schrieb Shakespear für die Welt; Affekt
und Thränen stritten,

Und kühne Trunkenheit begeisterte die
Britten.

Gemäßigter als er, nicht minder Patriot,

Sang Popens großer Freund, den Britten, Catons Tod.

Was

Was that für das Parterr denn Deutschland? Ja — es träumte.

Schrieb, übersetzte, stahl! — Was that es
mehr? es reimte.

Umsonst bemühte sich manch glückliches
Genie,

Der Gothische Geschmack wich vom Theater nie;

Mitleidig gab zuletzt Melpomene der
Bühne,

Die Schlegels, Gellerts, Weiß' und Chro-
necks zum Racine.

Da wallt auf dem Parterr des Patrioten
Blut,

Beym Codrus, Eduard und Richard
und Canut.

Und Deutschland mit dem Muth der Franzen und der Britten.

Q   Spricht

Spricht im einheimschen Ton, und beſ
ſert eigne Sitten.

Vetſchwestern ſingen nun nicht mehr den
Nachbar taub,

Und Wuchrer ſchämen ſich bey einer
Mündel Raub.

Wenn ich, hier unter uns, die Herren Männer fragte,

Ob ſich die liebe Frau noch krank zu ſeyn
beklagte?

So ſprächen ſie vielleicht, Nein; denn
der wackre Mann,

Mein Schneider hat an mir, mehr als der
Arzt gethan.

Poeten ſind gewiß mit unter gute
Köpfe,

Nachahmer aber ſind unleidliche Ge-
ſchöpfe;

Die

Die Bühne züchtigt sie und rächte das Genie,

Hob die Originals und stürzte die Copie.

Herr Dunkel nimmt den Rest tief denken-

der Papiere,

Lauft zum Verleger hin, und stolpert in

die Thüre,

Denn Dunkels stolpern gern — Mein

Herr — der Bösewicht —

Gehn sie zu Kochen hin — Ich sags ihm

ins Gesicht,

Das ist verrätherisch, mir meinen Ruhm

zu nehmen,

Und ihnen, Herr, das Brodt Der Mann

soll sich doch schämen.

Lebt wohl ihr Epopeen, und ach! das

ist zu viel,

leb wohl der Würmer Raub, erhabnes

Trauerspiel!

Q 2   Ihr

Ihr Oden, die ich sang, und Dünkel
meine Brüder,

lebe wohl auf dieser Welt, seh ich euch
niemals wieder.

Ihr Stürme, Wolken, Nacht, du stolzer
Seraphs Blick —

Ich zog euch aus dem Nichts; fallt in
das Nichts zurück —

So glücklich retteten die Dichter
nach der Mode,

Das arme Vaterland von mancher trüben
Ode;

Zehn Reimreichs schonen nun die liebe
rechte Hand,

Entfliehn den Pressen noch, und warten —
auf Verstand.

Welch Glück für den Geschmack, der oft
zu leicht verwildert

Daß

Daß deutscher guter Wiß die deutsche
Thorheit schildert.

Genies! die ihr gereizt von der Unsterblichkeit,

Noch unbemerkt der Welt, euch dem
Theater weyht,

Schöpft tief aus der Natur, forscht
Weisheit im Homere,

Kennt Rom und Griechenland, dann
werdet uns Voltaire. —

Doch prüft, ob die Natur, auch euch zum
Dichter schuf!

Den Kützel, es zu seyn, nehmt nicht für
den Beruf.

Nur wenigen gelingt's bis in das Herz zu
bringen,

Und einer Ewigkeit mit Beyfall vorzu-
singen.

Seyd

Seyd von den Wenigen', wo nicht, so
geht zurück,

Ein Reimreich weniger ist dem Partere
ein Glück.

Ihr aber, die ihr uns mit klugen
Beyfall lehrtet,

Mit Edelmuth belohnt, und mit Empfindung hörtet,

Lebt wohl! Fühlt unsern Dank!— Wie
gehn, denn Ludewigs

Der Deutschen, fordern uns zum Ausruhn
ihres Siegs.

Anfangsrede,

gehalten in Leipzig nach der Zurückkunft
von Dresden den 3. Septb. 1764.

Wenn hier ein Patriot nie in Gefahr
verzagt,

Den Ocean durchschifft, von Süd in Ost
sich wagt;

Bald Frankreichs Ueberfluß in deutsche
Staaten leitet,

Bald durch sein Vaterland der Britten
Reichthum breitet;

Den Müssiggang verdrängt, die Ueppigkeit verscheucht;

Des Armen Vater wird, dem er die
Nahrung reicht;

Bescheidnen Ruhm erwirbt, nicht um
durch Ruhm zu blenden,

Q 4   Und

Und Tonnen Goldes schafft, sie rühmlich
          zu verwenden;

Gott und dem Fürsten treu, mit seiner
          Pflicht bekannt;

Wie groß ist dieser Mann! Wie ruhm-
          voll für ein Land!

Viel leidende, durch ihn der Dürftigkeit
          entrissen,

Sehe dieser Menschenfreund beschämt zu
          seinen Füßen.

     Wenn dort ein Patriot in stiller
          Mitternacht

Fern vom Geräusch der Welt, für ernste
          Weisheit wacht,

Den Reichthum sich versagt, der die Be-
          trachtung stöhret,

Und dadurch Ruhm erwirbt, weil er ihn
          gern entbehret;

                              Das

Das Sehrohr in der Hand, des Schö-

pfers Werk entdeckt;

Den Unempfindlichen zu der Bewundrung

weckt;

Die Tiefen der Natur, die er durchforscht,

enthüllet;

Und den Verstand mit Licht, das Herz

mit Wärm' erfüllet;

Wenn er in das Gewand der Fabel sich

verhüllt,

Wenn er der Wahrheit treu, die trunkne

Thörheit schilt:

Wenn er Gesetze lehrt, und Muth, sie zu

erhalten,

Und Eifer jedes Amt mit Klugheit zu

verwalten,

Und in des Jünglings Brust das edle

Feuer haucht,

Q 5   Das

Das in dem Manne nicht, und nicht im
Greis verraucht,
Unsterblichkeit und Ruhm durch Wasser
zu erwerben,
Und für sein Vaterland als Patriot zu
sterben;
Gott und dem Fürsten treu, mit seiner
Pflicht bekannt;
Wie groß ist dieser Mann! Wie ruhm-
voll für ein Land!
Viel Thränen werden einst, dem Men-
schenfreunde fließen,
Der tausend Irrende dem sichern Stolz
entrissen.
So ists, ein jeder Stand ist eignen
Beyfalls werth,
Der, wenn er Reichthum giebt, und je-
ner, wenn er lehrt:

Und

Und glücklich ist die Stadt, wo frey, von
  Vorurtheilen,

Sich beide zu erhöhn, und zu ermuntern
  eilen;

Wo kein Pedanten-Stolz aus den Ge=
  lehrten lacht,

Und keine Million den Kaufmann trun=
  ken macht;

Wo Handlung und Geschmack sich brü=
  derlich verbinden,

Und Hand in Hand, das Glück, geliebt
  zu seyn, empfinden.

Da wohnen, fern vom Neid und von Ver=
  achtung fern,

Ermuntert und belohnt, die schönen Kün=
  ste gern;

Da ringen die Genies mit Weisheit aus=
  gerüstet,

                              Nach

Nach der Unsterblichkeit, nach der ihr
          Herz gelüstet,

Da drängt die Dichtkunst sich vom
          Staube schnell empor,

Da reizt die Harmonie des feinen Ken-
          ners Ohr.

Da tritt die Schauspielkunst, mit An-
          stand auf die Bühne,

Und drückt Scherz oder Ernst, in des Zu-
          schauers Mine.

    Wie glücklich ist die Stadt! Und
          diese Stadt bist du,

O Leipzig! Deutschland selbst gesteht den
          Ruhm dir zu.

Doch Deutschland nicht: die Welt — Steige
          Alpen weit hinüber;

Geht von dem Wolga Strom zum Rhein,
          vom Rhein zur Tiber;

                              Welch

Welch Volk in Süd und Nord, und
welche Nation

Hat nicht hier im Parterre vielleicht itzt
einen Sohn!

O würde dieser Geist der Einigkeit erhalten,

Und möchte nie dieß Feur für den Geschmack erkalten!

Ihr Patrioten hörts, denkt auf
das Vaterland,

Belohnt den guten Witz, ermuntert den
Verstand;

Folgt euern Vätern nach, die für die
Künste wachten,

Und wagts, den, der sie schilt, großmü-
thig zu verachten,

Lacht, wenn der Comödie der seine
Scherz gelingt;

Schämt

Schämt euch der Thräne nicht, die der
　　　　Cothurn erzwingt;
Ein Misantrop allein schilt diese reine
　　　　　Zähre;
Sie fließt für den Verstand, und macht
　　　dem Herzen Ehre.
Doch wenn ihr sie vergießt, denkt auch an
　　　　uns zurück,
Und wißt, selbst den Acteur ermuntert oft
　　　ein Blick.
Wir bitten: „schmeichelnd?“ „Nein!“ so
　　　wie wir vormals baten,
Denn ein empfindend Herz schweigt, und
　　　läßt sich errathen.

Abschiedsrede,

gehalten in Leipzig vor der Abreise nach
Dresden am 26. October 1764.

Es war ein Mann — sein Name fällt
mir ein,

Ja, er hieß Satyr — das steht fein

In einem Epilogue, ein Mährchen zu erzählen!

Erlauben sie, ich weiß, sie haben zu befehlen;

Doch schmälen sie nur immer nicht.

Man hält oft mehr, als man verspricht.

Herr Satyr war ein Mann von einer ernsten Tugend;

Aus jeder Mine sprach sein Herz,

Er war rechtschaffen, treu, doch schon in
seiner Jugend

Ein

Ein Misantrop und Feind vom Scherz.

In jeder Wissenschaft wünscht er Geschmack zu zeigen

Erkannt und fühlte jede Pflicht;

Doch nur die Kunst besaß er nicht,

Die seltne Kunst, zu sehn, zu fühlen und
zu schweigen.

Sah er von ohngefähr — man sah es da-
zumal,

Mit einem leeren Kopf ein stolz Original,

So rief er auf ihn zu: Mein Herr, die
ernsten Blicke,

Ihr leerer Pomp, ihr festliches Gewand

Geschaffen von des Schneiders weiser Hand,

Giebt ihnen keinen Rang, sie sind zu sehr
bekannt,

Was frag ich und die Welt nach ihrer
Staatsperuque?

Nein

Nein, lieber Herr, Verstand! Verstand!

Sah er von ohngefähr zwey tugendhafte
Seelen,

Sich mit des Nächsten Fehl an dem Caffeetisch quälen,

Und mitleidsvoll der Stadt Gebrechen
zählen;

So rief er überlaut: O thun sie das doch
nicht!

Und glauben sie Mesdames, die Welt
weiß sich zu rächen,

Indem sie hier von andrer Fehlern sprechen,

Sitzt ein Caffeetisch schon, der von den
ihrgen spricht,

Und hälts, wie sie für eine fromme
Pflicht. —

Begegnet ihm ein Mann, der zwanzig
Folianten

R   Mit

Mit der gesunden Rechte schrieb,

Und mit dem Hochmuth des Pedanten,

Auf einen Jüngling schalt, der sich die
Stirne rieb,

So sprach er: Hören sie, der Mann, den
sie verlachen,

Wird bald mit Ruhm für den Geschmack
erwachen.

Fleiß, Furcht Kritik, Ernst und Beschei=
denheit,

Sind Bothen der Unsterblichkeit.

Nach zwanzig Jahren wird man ihn mit
Ehrfurcht nennen,

Und sie, mein Herr in Folio verbrennen.

Der Satyr sprachs; doch seine Heftigkeit

Beleidigte die Welt, er sah in kurzer Zeit,

Mit seinem Schicksal unzufrieden,

Von Klugen aus Behutsamkeit,

Von

Von Thieren sich aus Furcht vermieden.

In dieser stillen Schwermuth fand

Er einst von ohngefähr ein Mädchen voll
Verstand,

Ein wenig Schalkheit war in ihren schlauen
Zügen,

Und wo sie gieng, da herrschte das Vergnügen —

Sie sah den Satyr an, und lachte dreymal laut.

Er aber sprach im Zorn: Sie scherzen
sehr vertraut,

Doch wenn ich bitten darf, so lachen sie
nicht laut

Und was beleidigt sie? — Wie können sie
noch fragen,

Doch sie verlangens? Gut! so will ichs
ihnen sagen:

R 2   Sie

Sie sind ein Mann voll Geist, voll Witz,
und haben Muth;

Sie sind ein Patriot; dieß alles ist sehr gut,

Doch ihre Milzsucht, die die Tugend
rauh vertheidigt,

Ihr Anstand und ihr Ton, der Freund
und Feind beleidigt, —

Ich sag es ihnen ins Gesicht,

Dieß ist der Weg, die Welt zu bessern,
nicht;

Nein kommen sie mit mir — Mit Ihnen? Wer sind sie? —

Ich bin, mein Herr, wie sie, für die
Moral gebohren,

Und die Verfolgerin und Feindin aller
Thoren;

Mein alter Nam ist Comödie,

Ich lache gern, allein ich schmähe nie.

Freund

Freund kommen sie mit mir, wir wollen
 uns verbinden,

Sie haben viel Verstand, ich ein gefällig
 Herz,

Sie die Betrachtung, ich den Scherz,

Und das Talent, mit Feinheit zu empfinden;

Wir wollen beide Schutz, Gehör und
 Beyfall finden:

Seit dieser Zeit gieng Hand in Hand,

Die Comödie mit der Satyre,

Und beide lehreten durch Klugheit und
 Verstand,

Nun ungestraft das ausgesöhnte Land. ——

So kamen sie zu euch, und traten auf die
 Bühne,

Und besserten das deutsche Herz,

Benahmen der Moral die fürchterliche Mine,

Und hüllten die Kritik in Scherz.

R 3   Ihr

Ihr Freunde des Geschmacks! Wollt
ihr sie ferner hören,
O welcher Ruhm für sie, welch Glück!
Ihr habt Kritik und Muth, zu bessern
und zu lehren,
Und Großmuth ihre Kunst zu nähren.
Wie eifrig wünschen sie in diesem Augen-
blick
Auf eure Bühne sich zurück.

Rede bey der Wiedereröffnung des
Theaters nach der Zurückkunft von Dresden, Leipzig den 10. April 1765.

Empfieng der Mensch umsonst den un-
umschränkten Geist,

Der

Der izt nach Norden eilt, izt sich dem
Süd entreißt,

Im Augenblick vom Staub empor zum
Himmel eilet,

Mit der Geschwindigkeit des Lichtstrahls
sich vertheilet,

Den tiefsten Gegenstand aus seiner Dämm-
rung zieht,

Und die Natur erhascht, so schlau sie ihm
entflieht?

Wohlthätige Natur, hast du ein kostbar
Leben,

Und der Vernunft Gebrauch, ihm denn
umsonst gegeben?

Erkennst du im Tumult, indem er sich
zerstreut,

Den Hang nach Arbeit, Ruhm, und
nach Unsterblichkeit,

Den

Den du ihm eingehaucht? Verschwender
deiner Kräfte,

Lebt er für den Affekt, und stirbt für die
Geschäfte.

Und wenn arabisch Gold ihn bis ans Haupt
bedeckt,

Was ist der Müssige? Was für die
Welt? Insekt.

Die Raupe stirbt, und wird der Ruhm
vom Cabinette:

Er stirbt, und jeder gähnt an dem Para-
debette.

An seinem Grabe sagt dereinst kein weiser
Mann:

Hier liegt der Menschenfreund, er hat mir
wohl gethan

Ihm dank ich meinen Ruhm, mein Glück,
schlaflose Nächte

Durch-

Durchwachte er einst für mich, damit ich
     leben möchte.

Er zählte seinen Tag nach den Geschäf-
     ten ab,

That viel, und ohne Stolz; gesegnet sey
     sein Grab!

So ists: die Seele haucht und athmet die
     Geschäfte,

Wer ihr die Nahrung raubt, der raubt
     ihr ihre Kräfte,

Setzt an Unthätigkeit sich unters Thier
     herab,

Das doch den Kunsttrieb braucht, den die
     Natur ihm gab.

Gewöhnt sich nach und nach, sich an der
     Zeit zu rächen,

Die ihm tyrannisch drückt, mit Anstand,
     nichts zu sprechen.

    R 5   Trägt

266

Trägt hohe Politik auf seiner weisen Stirn,

Drückt Bilder von dem Staat tief in sein
leer Gehirn,

Belagert Stadt und Land, läßt zwey Ar-
meen schlagen,

Und, ist er aufgeräumt, zwey andre sich
vertragen. (¹)

Lauft jedem Frembling nach, den er kaum
nennen kann;

Dem denkenden Horaz verscheucht er seinen Plan,

Und wird ein Gläubiger ihn nicht beym
Kopfe fassen,

Und stürbe der Poet, er wird ihn nicht
verlassen.

So

(¹) Siehe den 8ten Charakter des Theophrast,
und die 9te Satyre des Horaz, oder den
Schwätzer des Hrn. von Hagedorn.

So wird er nach und nach, sich und der
Welt verhaßt,

Und für die Republik ein Unglück, eine
Laſt. —

Doch gab uns die Natur, ganz unum=
ſchränkte Kräfte,

Erſchöpft ſich nie der Geiſt im Taumel
der Geſchäfte?

Der Adler, den ſein Muth empor zum
Himmel trug,

Ermattet er denn nie im hohen Sonnenflug?

Dem wirkenden Verſtand, der denkt, prüft
und vergleichet,

Itzt einen Plan entwirft; und gleich
drauf ihn erreichet,

Vom erſten Morgenthau, bis zu dem
Reif der Nacht:

Für

Für sich, und für die Welt, und für Ge-
      schäfte wacht,

Ist zur Erhohlung ihm kein Augenblick
      beschieden?

Und wird der Körper nie, und nie der
      Geist ermüden?

Ist er sich keines Hangs zu sanfter Ruh
      bewußt,

Bringt ihm der Scherz Gefahr, die Hei-
      terkeit Verlust;

Wenn Kleist und Thomson ihm auf güld-
      nen Saiten spielen,

Ist er allein so hart den Frühling nicht zu
      fühlen?

Winkt ihm umsonst der Wein im schäu-
      menden Pocal,

Den Mahomed aus List dem trocknen Tür-
      ken stahl?

                Nein

Nein, diese Güter sind ihm zum Gebrauch gegeben,

Zur Heiterkeit fürs Herz, zur Nahrung
für das Leben.

Und schmält ein Cato auch censorisch auf
den Wein,

Kaum hat er ausgeschmählt, so schenkt der
Censor ein. —

Doch dadurch unterschied der Weise sich
vom Thoren,

Für ihn ist selbst die Zeit der Muse nicht
verloren.

Wenn jener bald im Spiel sich frevent-
lich ergötzt,

Auf ein Coeur As den Rest von seiner
Erbschaft setzt,

Und durch ein Paroli, tyrannisch abge-
zogen,

Zehn

Zehn Gläubiger betrügt, die ihn zuvor
betrogen;

Wenn er den Göttertrank mit Ueppigkeit
verschlang

Den Richter in sich selbst, sein warmend
Herz; verdrang,

Mit einem falschen Wiß, und närrischen
Geberden

Buhlt, um bemerkt zu seyn, nicht um geliebt zu werden;

Da sucht der Klügere sich freundschaftlichen Scherz,

Und die Erholung selbst gießt Nahrung
in sein Herz.

Um niemals den Verstand zur Arbeit zu
entkräften,

Giebt er der Frölichkeit die Mine von Geschäften,

Mischt

Mischt Ernst, Betrachtung Fleiß und Liebe zu der Pflicht,

In sein Vergnügen ein, und ruht, als
ruht' er nicht.

Bald öffnet ihm der Lenz die Scenen seiner Güte,

Tränkt ihn mit seinem Thau, nährt ihn
mit seiner Blüthe:

Bald geht sein wachsam Aug, poetisch
durch die Flur,

Und ruht, als Philosoph, im Reichthum
der Natur.

Bald flieht er zu der Kunst, fühlt Bach
und Hendels Töne,

Und weint mit Haß' und Graun in einer
Operscene;

Fleucht muthig Haller nach, und lauscht
auf sein Gedicht,

Fühlt

Fühlt, wenn der Marmor lebt, und todte
leinwand spricht.

Bewundert den Affekt in schweigenden
Maschinen,

Geht mit dem Raphael durch Rom und
durch Ruinen,

Und lernt die schöne Kunst, sich mit Geschmack zu freuen,

Und was er heute that, nie morgen zu
bereun.

Von den Erholungen, die uns dieß Glück
gewähren,

Das Herz, das sie erfreun, durch die Empfindung nähren,

Ist sie, die Schauspielkunst, die Rom
und Griechenland

Voll Geist und Politik für uns und sich
erfand.

Sie

Sie hintergeht das Herz, nimmt der Erholung Mine,

Und schmeichelt dem Verstand durch die
beredte Bühne.

Verwickelt nach und nach, durch einer
Handlung Lauf,

Sieht er, hört und bemerkt, erwartet, und
löst auf,

Mischt sich in wilden Sturm, in den Affekt
der Scene,

Stirbt mit dem Polieuct, und leidet mit
Chimene;

Bebt unter der Gefahr des tapfern Cu-
riaß,

Bestimmt das Schicksal Roms im Siege
des Horaz,

Hält ißt dem Orient im hohen Gleichge-
wichte,

S   Fleucht

Fleucht kühn der Fabel nach, und dringt
in die Geschichte,

Hebt von des Landmanns Staub sich an
des Königs Thron,

Geht den Charakter durch von jeder Nation;

Staunt bey dem Heldengeist der Franzen
und der Britten,

Und thut, was sie gethan, und leidet was
sie litten.

Erholt vom hohen Ernst, sich in des
Lustspiels Scherz,

Belacht die Thorheit laut, und bessert still
sein Herz. —

Ihr Patrioten! werth der Fürsten, die
euch schützen,

Bestimmt durch Fleiß der Welt, und unserm Staat zu nützen,

Die

Die ihr durch Emſigkeit dem Mangel
ſchlau entflieht;

Und für das Vaterland die ſchönſte Nachwelt zieht;

Verleugnet nie den Ernſt, den Eifer der
Geſchäfte,

Braucht, eurem Stande nach, die euch
verliehnen Kräfte;

Doch folgt zugleich dem Ruf der winken-
den Natur,

Eröffnet euer Herz dem Frühling und der
Flur;

Flieht in den Arm der Kunſt, laßt euch
das Schauſpiel rühren,

Und weint noch oft mit uns in lehrende
Zahren.

Wie ſchön iſt der Beruf, ſich mit Ge-
ſchmack zu freun,

Und

Und was man heute that, nie morgen zu
bereun.

***

An den verewigten Thunmann.
Erster Brief.
Leipzig 1773.

Hier haben Sie, lieber Thunmann,
das graphische Gemälde der kleinen römischen Issa, das so warm, so geistreich gebildet ist, als irgend ein Wateau oder
Rosa es bilden konnte. Es ist schwer,
die täuschende Leichtigkeit des Catull und
Martial, ihr feines Colorit und die nai-
fen Wendungen nachzubilden. Indes,
wie konnt ich meinem Thunmann unter

den

den duftenden Linden des sächsischen Pyr-
miont, ein Lied auf die schönste Bologneserin disseits der Alpen versagen? Ein,
durch Geist der alten Litteratur ausgezeich-
neter Mann, Hofrath Welk, wetteiferte
mit Martial in seinem Capreolus. Nach
der geistreichen Beschreibung des Dichters
verdiente Capreolus, trotz Martial, in
das Serail der schönen Issa zu kommen.
Leben Sie wohl, Thunmann — Unsre
Unterhaltung über die Wortforschung, soll
nicht unterbrochen werden. Ich mache
Sie zum Richter, weil ich Ihre Genauigkeit kenne. Einem Richter aber trägt
man vor, was er selbst weiß, um durch
sein Urtheil in einer überdachten Meinung
bestärkt zu werden. Aber Issa muß noch
die kleine Bologneserin in Landstädt auf

S 3   dem

dem fanft gewölbten Arm der geiftreichen
Baroneß finden, die fo viel Würde, als
Reiz, und Welt hat.

Iſſa.

Ep. Mart. I. 110.

Iſſa iſt ſchlauer, als dein Spaß, Ca-
tullus —

Iſſa iſt reiner als der Kuß der Taube:

Iſſa iſt ſchmeichelnder, als alle Mädchen —

Iſſa iſt glänzender als Diamanten,

Der Stein des Indiers, das Gold der

Parthen —

Weint ſie, ſo weint man — Traurigkeit

und Freude

Fühlt ſie und gießt ſie, in weiche Her-

zen —

Sie

Sie ist, o Publius! dein süßer Liebling,

Entschlummert freundschaftlich an deinem
Busen,

So sanft, daß du ihr Athmen nicht em-
pfindest —

Bescheiden weckt sie dich mit milden
Füßgen,

Wenn die Natur sie weckt, und du noch
schlummerst —

So rein, so keusch ist, Fräulein Issa,

Sie kennt nicht Venus — und wo einen
Gatten

Für dieses kleine, sanfte, gute Mädchen?

Damit der Tod der Welt ihr Bild nicht
raubte

Malt Publius sie mit dem Geist des
Myron

Und Polyklet; sie glänzt so ähnlich,

S 4   Daß

Daß sie sich ähnlich ist, so wie sich selber!
Stell' Issa neben ihren schönen Schat-
　　　　ten,
So glaubst du beide sind die Issa;
Wo nicht, so hältst du beide für Gemälde.

Der Lorbeerbaum und die Eiche.

In jenem Hayn, wo Herrmann Varus
　　　　schlug,
Sprach zu den Lorbeerbaum, die Fürstin
　　　　deutscher Eichen:
Durch welchen schlauen Selbstbetrug
Wagst du mit mir dich zu vergleichen?
Wo prangt ein Lorbeerwald,
Mit dieser majestätischen Gestalt?
Ist dein Geschlecht so alt?

　　　　　　　　　　Trägst

Trägst du, wie ich, Wehr, Waffen,
            Siegeszeichen?

Sang unter dir in stiller Mitternacht

Beym Glanz des Silbermonds, ein Bar-
            de, Herrmans Schlacht?

Und Helden, die den Sieg mit Blut er-
            fochten hatten,

Wenn ruhten sie in deiner Ahnherrn
            Schatten?

War Jupiter dein Gott? Haucht er dem
            Lorbeerhayn

Orakel wie Dodonens Wäldern ein? (¹)

            S 5   Trug

(1) S. Potter de Iouis oraculis, im 2.
    Buche Cap. VIII. der die verschiedene
    Widersprüche der Alterthumsfor-
    scher zusammen stellt, und den Hero-
    dot mit den Ueberlieferungen der
    Dichter vergleicht. — Wer tiefer in
            einen

Trug dein uralt Geschlecht der Argonau-
ten Heere

Durch die entfernten Meere?

Eh noch Triptolemus, den eifern Pflug
erfand,

Sprich; lebte da der Mensch von deiner
milden Hand? —

Der Lorbeer sprach: Stolz deiner
Wälder, höre —

Kraft

einen Stoff eindringen will, der Socrates, Plato und Cicero ihrer Aufmerksamkeit würdigten, der lese die
Bücher de divinatione, den Jupiter
Hammon, und Dodondus von Bois-
sard, und das gelehrte Werk des Ser-
vatius Galläus, de Sibyllis earumque
oraculis. Beide Werke gehören zu der
Geschichte der Ideen, Träume, schlauer
Erfindung, auch kranker Begeistrung.

Kraft Majeſtät und Pracht, will ich dir
zugeſtehn.

Doch ein beſcheidner Reiz, dünkt er dir
minder ſchön?

Mit dir umkränzen ſich die Barden und
die Krieger;

Mit mir im Griechenland, die Dichter
und die Sieger.

War Jupiter dein Gott, ſo iſt mein
Gott, Apoll;

Von ſanfter Schwermuth hingeriſſen,
Und göttlicher Empfindung voll,

Lag er entzückt den warmen Stamm zu
küſſen,

Zu meiner ſanften Mutter Füßen,
Du weiſts, daß Rom und Griechenland
Mit heiligen Vertraun, in Delphos
Tempel ſtand,

Und

Und daß der Gott durch uns prophetisch
rauschte,

Da schon die Welt umsonst, auf dein Orakel lauschte.

Die erste Nahrung nahm der Mensch
von dir aus Noth

Ich reize seinen Gaum, durch mich würzt
er sein Brod,

Das er gewiß mit Eicheln nicht vertausch-
te. —

Hört, sprach ein Ahornbaum, seit Vater
Platons Zeiten,

Schon Philosoph — was wollt ihr
streiten?

Dir gab die Gottheit Pracht, Geruch und
Schönheit dir,

Ihr beide dient der Welt. O Freunde
glaubt es mir.

                                        Und

Und macht dem niedern Neide
Des Dornstrauchs der euch höhnt, nicht
　　　die strafbare Freude.

————

Oft streiten um den Ruhm der Welt,
Zween gleich vollkommne edle Geister,
Und beide sind in ihrer Gattung Meister;
Des einen Pracht entzückt, des andern
　　　Reiz gefällt.
Autoren, macht doch nicht dem pöbelhaf-
ten Neide
Kraftloser Kritiker, die ungerechte Freude.

————

An Ihro Durchlaucht

die Prinzeſſin von Schwarzburg Son-
dershauſen.

Der maleriſche Ruin gnädigſte Prin-
zeſſin, den kein brittiſcher Vitruv,
mit dem Geiſt des Piraneſe oder
Sandrard, für irgend einen Park von
Deutſchland reizender ſchaffen konnte,
machte auf mich einen lebhaften Eindruck.
Ich fühlte ganz den Werth des hohen
Geſchenks, und vertraute es der edeln
Kunſt, und dem Gefühl eines Mannes,
der viele reizende Ideale nachahmte.

Ei-

Eine ähnlich Idee des Piazetta erweckte in mir alle die geistreichen Bilder des großen Wetteiferers mit Ariost, Tesso. In den Ruinen dieser Pforte sah ich Sophronia, und die Bilder der männlichen Krieger und Helden, die die Waffen in der Hand furchtbar, außer dem Kampfe mild, und männlich schön waren. Konnte ich den Muth unterdrücken, dieses reizende Gemälde öffentlich zu bewundern, und in die Annalen der Kunst einzutragen? Nimmt man dem Autor das Recht, Geist und Talente bekannt zu machen, so nimmt man ihm die Seele der Kunst.

Die ewige Vorsehung erhalte das alte ehrwürdige Haus Schwarzburg, und den Fürsten, der ohne die Waffen nach Palästina zu tragen, eines der edelsten

ſten und empfindſamſten Herzens erobern, und mit diamantenen, aber ſanften Ketten umwinden wird.

Er. Hochfürſtl. Durchlaucht

unterthänigſter Diener
Chriſtian Auguſt Clodius.

Vergine glorioſa, ove non giunta
Sia la tua fama, et l'onor non vole?